A Biblioteca Imaginária

João Alexandre Barbosa

A Biblioteca Imaginária

Ateliê Editorial

Direitos reservados e protegidos pela Lei 9.610 de 19.02.98.
É proibida a reprodução total ou parcial sem autorização,
por escrito, da editora.

Copyright © 1996 by João Alexandre Barbosa

1ª edição 1996
2ª edição 2003

Dados Internacionais de Catalogação na Publicação (CIP)
(Câmara Brasileira do Livro, SP, Brasil)

Barbosa, João Alexandre, 1937 –
A Biblioteca Imaginária / João Alexandre Barbosa. – São Paulo: Ateliê Editorial, 1996.

Bibliografia.
ISBN: 85-85851-13-9

1. Crítica literária 2. Literatura – Crítica e interpretação I. Título

96-2053   CDD-809

Índices para catálogo sistemático:
1. Literatura : Apreciação crítica   809
2. Literatura : História e crítica   809

Direitos reservados à
ATELIÊ EDITORIAL
Rua Manoel Pereira Leite, 15
06709-280 – Cotia – SP
Telefax (11) 4612-9666
www.atelie.com.br
2003

Impresso no Brasil
Foi feito depósito legal

Para Ana Mae, sempre

*De repente
todos esses nomes
ecos
têm a virtude do som.*

*Relidos,
deixam de significar
o que há tantos anos
amedrontava o leitor.*

*Agora os livros são outros
crescem a cada leitura
incham as paredes do quarto,
se espalham pelo corredor.*

*Objetos,
ocupam seu espaço
de mobília e vício.*

*Vivos,
abstratos, simples,
aceitam a displicência
vaga
do leitor crescido
que os aceita como são:
livros.*

FREDERICO BARBOSA, "Certa Biblioteca Pessoal",
Nada Feito Nada, 1993.

SUMÁRIO

A Biblioteca Imaginária 13

Leitura, Ensino e Crítica da Literatura 59

A Literatura como Conhecimento 77

Os Intervalos de Eça de Queiroz 91

A Volúpia Lasciva do Nada 135

Uma Introdução a José Veríssimo 173

As Tensões de Mário de Andrade 223

João Cabral ou a Educação pela Poesia 239

Paul Valéry e a Comédia Intelectual 249

Variações sobre *Eupalinos* 271

Duas Novas Fichas na Biblioteca   283
Calvino, ou a fina poeira das palavras   283
Borges redivivo   286

Nota Bibliográfica   297

A BIBLIOTECA IMAGINÁRIA
OU O CÂNONE NA HISTÓRIA
DA LITERATURA BRASILEIRA

Em 1936, foi instituído, no Columbia College, Estados Unidos, um curso de humanidades baseado na leitura de "grandes obras", isto é, obras que, por consenso, teriam sido fundamentais para a própria imagem daquilo que, naqueles tempos, chamava-se, sem qualquer hesitação, cultura ocidental.

Curso requerido para todos os novos alunos que entravam no College, a idéia central de sua instituição, segundo um de seus mentores, o crítico Lionel Trilling, era de enorme candura. Diz Trilling:

> A idéia era muito simples, era a própria simplicidade. Consistia na crença de que ninguém poderia ser educado enquanto ignorante das obras principais da tradição intelectual e artística de sua própria civilização. [...] A simplicidade da idéia originária do curso era corroborada pela simplicida-

de de seu método, que se propunha superar a ignorância do estudante acerca das obras clássicas de nossa tradição por um único meio – o estudante leria os livros.

Neste sentido, ainda segundo Trilling, os alunos deveriam abster-se da leitura de obras críticas acerca das "grandes obras", dedicando-se somente à leitura daquelas obras escolhidas.

O curso, então [diz Trilling], foi concebido como tendo somente três elementos – um livro; um leitor que chegava a ele pela primeira vez; um professor que talvez não tivesse conhecimento acadêmico especializado mas que, em razão de sua experiência com as obras humanísticas em geral, pudesse ver o livro como um todo e ajudar a trazer seus significados e qualidades à consciência do estudante.

Não obstante esses objetivos, esta dieta enxuta que descartava toda a tradição crítica acerca das "grandes obras", trinta anos depois, mais precisamente em 1962, dois ex-alunos do curso do Columbia College, Quentin Anderson e Joseph A. Mazzeo, publicaram, pela St. Martin's Press, de New York, um volume de ensaios que resgatava aquela tradição: *The Proper Study. Essays on Western Classics*.

Era uma grande mudança de rumo, que também poderia ser entendida como complementação necessária.

O prefácio, escrito por Lionel Trilling, do qual foram extraídos os textos sobre o curso anteriormente citados, procura marcar e explicar a mudança. E esta é, sobretudo, assinalada como a necessidade de fazer acompanhar a leitura dos clássicos por uma consciência das transformações históricas de leitura que terminam por intensificar a própria qualidade clássica, ou "grande", das obras selecionadas. Era, para usar uma expressão do próprio Trilling, e que é título de um ensaio famoso de sua autoria, o "sentido do passado", que só se apreende pelas variações de leitura das obras, tais como reveladas através dos textos críticos a elas dedicados. É precisamente este "sentido do passado", tão importante para toda a teoria crítica e mesmo a poesia de um T. S. Eliot, por exemplo, que leva Trilling à seguinte reflexão sobre a mudança ocorrida nas suas certezas acerca do curso do Columbia:

Estava muito bem dizer acerca dos livros que líamos que foram escritos por homens falando para homens e que tinham tanto significado para os homens de agora quanto para quando foram escritos. Isto era uma coisa verdadeira de dizer mas percebia-se que sua verdade dependia de como alguém a dizia. Se alguém a dizia com o [talvez inconsciente] propósito de negar a significação do tempo que passara entre *então* e *agora*, se alguém tentava ignorar ou minimizar a realidade maciça da história, então não se estava dizendo uma coisa verdadeira. No estudo de qualquer literatura do passado existem duas proposições a que se deve dar igual peso. Uma é que a natureza humana é sempre a mesma. A outra é que a natureza humana muda, às vezes radicalmente, com cada época histórica. O grande encanto – e um valor educativo central – em ler obras do passado reside em perceber a verdade das duas proposições contraditórias, e em ver o mesmo na diferença e a diferença no mesmo.

Deste modo, não havia como escapar: a compreensão literária, só inteiramente efetivada quando preenchida pela variação histórica, haveria de incluir, para melhor incorporação das "grandes obras", como fonte de conhecimento cultural as reflexões críticas por elas provocadas no curso do tempo.

Pelo livro de 1962, sabe-se hoje qual o *corpus* de autores que compunham o curso do Columbia: Homero, Ésquilo, Sófocles, Eurípides, Tucídides, Aristófanes, Platão, Aristóteles, Virgílio, Marco Aurélio, Santo Agostinho, Dante, Maquiavel, Montaigne, Shakespeare, Cervantes, Milton, Molière, Spinoza, Swift, Goethe, Wordsworth, Stendhal, Melville, Dostoiévski, Henry James e Freud. Apenas Homero é discutido em dois textos que correspondem às duas epopéias do poeta grego: o de Simone Weil, sobre a *Ilíada*, e o de Auerbach, sobre a *Odisséia*. Os demais autores são discutidos, respectivamente, por Richard Lattimore, H. D. F. Kitto, J. A. K. Thomson, F. M. Cornford, Werner Jaeger, Eric Voegelin, S. H. Butcher, W. F. Jackson Knight, Matthew Arnold, Adolph Harnack, George Santayana, Thomas B. Macaulay, Herbert Lüthy, Francis Fergusson, Americo Castro, William Hazzlitt, Martin Turnell, Stuart Hampshire, F. R. Leavis, Erich Heller, Lionel Trilling, Jacques Barzun, Richard Chase, R. P. Blackmur, Dorothy van Ghent e Philip Rieff.

Como em todas as listas de livros e autores canônicos, é possível dizer que faltam alguns e sobram outros. Nesta, por exemplo, aos clássicos gregos é dado, sem dúvida, um espaço muito maior do que aos latinos, sendo cabível assinalar a ausência de um Catulo, de um Horácio e de um Sêneca, assim como estão ausentes alguns clássicos modernos de enorme fortuna na literatura posterior, como são os casos de Baudelaire, Flaubert, Tolstói, Balzac.

Esta instabilidade de avaliação quanto às escolhas, para o leitor de hoje, deixando-se de lado as mudanças de valor ocorridas a partir dos anos posteriores à Segunda Guerra, ainda mais se acentua no que se refere ao elenco de autores críticos escolhidos. Na verdade, nem todos falam ao público de hoje como poderiam falar ao sistema acadêmico dos anos 30.

Se ainda hoje o leitor crítico não anglo-americano convive, com mais ou menos intensidade, com os nomes de Weil, Auerbach, Jaeger, Arnold, Santayana, Castro, Leavis, Trilling ou Blackmur, o mesmo não se pode dizer de nomes como Cornford, Harnack, Lüthy ou Van Ghent. O que só dá razão aos argumentos discutidos por Trilling em seu prefácio: entre o *então* da instituição do curso do Columbia College e o *agora* de nossa experiência literária, cultural e histórica, transcorreu um tempo de modificações de valores que transforma o próprio modo de apreensão e leitura daquelas "grandes obras" explicitado pelos ensaios de interpretação que as sucederam. (O que é de estranhar, diga-se entre parênteses, é que, selecionados trinta anos depois, esses ensaios tragam a marca crítica e ideológica dos anos da leitura, por assim dizer, ingênua das próprias obras. Uma estranha ocorrência de isomorfismo crítico, não há dúvida!)

De qualquer modo, tanto a experiência didática levada a cabo pelo Columbia College quanto a publicação posterior do livro de ensaios são momentos importantes, e de conseqüências duradouras na tradição contemporânea, quer do ensino da literatura, quer na formação de um cânone universitário de obras clássicas para as humanidades.

Seis anos depois de instituído o curso do Columbia College, em plena Segunda Guerra Mundial, mais precisamente em 1942, era publicado, do outro lado do mundo, em Berna, o livro *Mimesis. A Representação da Realidade na Literatura Ocidental*, de Erich Auerbach.

Sem qualquer objetivo universitário imediato, embora fosse, logo em seguida à publicação, transformado numa espécie de *text-book* obrigatório para estudantes de letras em todo mundo, o livro, a partir de seu conceito teórico de base, isto é, a concepção de representação, que atravessaria grande parte da literatura do Ocidente, trabalha em silêncio com uma noção de cânone que se revela na seleção de autores e obras que são o objeto da leitura filológica, crítica e histórica do ensaísta.

Extraindo os seus exemplos de cânones muito mais variados que aquele que se revela no curso do Columbia College, mesmo porque o problema teórico da mimese é perseguido pelo autor nas tradições de obras e autores clássicos, medievais e modernos, Auerbach, ao mesmo tempo em que segue, altera essas tradições, lendo textos pouco ou nada lidos e, por isso mesmo, voltando a incluir, em seus respectivos cânones, autores pouco ou nada estudados pela posteridade acadêmica.

Assim se, por um lado, os ensaios incluem autores que já estavam no cânone do Columbia College, como Homero, Dante, Montaigne, Shakespeare, Cervantes, Molière e Stendhal, por outro, ampliam a recepção com autores e obras como Petrônio, Tácito, Amiano Marcelino, Gregorio de Tours, a *Chanson de Roland*, *Chrétien de Troyes*, o *Mystère d'Adam*, Bocaccio, Antoine de La Sale, Rabelais, Racine, Prévost, Schiller, Balzac, Flaubert, os irmãos Goncourt, Virginia Woolf e James Joyce.

É claro que existe uma distância incomensurável entre o livro de ensaios resultante da seleção canônica do Columbia College e a obra de Auerbach: enquanto aquele tinha um explícito objetivo doutrinário e pedagógico — fazer o estudante tomar contato com as obras consideradas "grandes" na tradição ocidental —, esta é, também explicitamente, uma investigação teórica que se utiliza daquela tradição não apenas como exemplário, mas como fundamento para desenvolver, pelo menos, três idéias básicas e que são assim nomeadas no "Epílogo" escrito para o livro: a doutrina acerca dos níveis da representação da realidade, "mais tarde retomada por toda corrente classicista", como diz Auerbach; a quebra desta doutrina pelas irrupções estilísticas românticas e realistas; e a sua precedência pela "visão *figural* da realidade da tardia Antiguidade e da Idade Média cristã". (O conceito e as significações do termo *figura* são amplamente discutidos pelo próprio Auerbach no capítulo "Figura" de seus *Novos Estudos sobre Dante*, de 1944.)

De qualquer modo, dada a enorme importância e a repercussão da obra, as escolhas de Auerbach, sobretudo o seu amplo espectro, indo desde Homero a Joyce, deram à obra uma firme autoridade na difusão acadêmica de um certo cânone literário. É de ver, por outro lado, que este cânone possui, tanto quanto aquele firmado pelo curso do Columbia College, um forte traço classicista, mesmo quando considera autores e obras medievais e modernos. (O que, por outro lado, ainda mais se acentua pela ausência, salvo Homero, a Bíblia, Dante e a *Chanson de Roland*, de leituras de textos poéticos. No caso do curso do Columbia College, ocorre o mesmo com os autores e obras estudados, excetuando-se Homero, Virgílio, Dante, Goethe e Wordsworth.)

Creio ser compreensível este traço: obras escritas às vésperas ou durante situações políticas e sociais de grande tensão – a Segunda Guerra Mundial –, quando havia uma certa unanimidade em se pensar em ameaças à própria sobrevivência da cultura ocidental, era natural a volta para as raízes daquela cultura, caso dos gregos e latinos, ou mesmo para aqueles autores e obras que com eles dialogaram nos tempos modernos.

Nesse sentido, pode-se dar ainda como exemplos duas outras obras que, embora publicadas poucos anos depois, foram elaboradas no mesmo período conturbado e trágico do livro de Auerbach. Refiro-me, em primeiro lugar, à monumental *Literatura Européia e Idade Média Latina*, de Ernst Robert Curtius, de 1948, cuja pesquisa central – a que diz respeito à transmissão dos *topoi* dos mais antigos textos ocidentais para os tempos medievais e modernos — não poderia deixar de envolver leituras, análises e interpretações minuciosas da tradição clássica; em segundo lugar, refiro-me ao livro magistral de Gilbert Highet, *A Tradição Clássica*, de 1949, cujo principal objetivo é precisamente, como está dito em seu subtítulo, a investigação das "influências gregas e romanas na literatura ocidental", indo desde os primeiros textos da literatura saxônica até os contemporâneos de então: Eliot, Gide, Joyce, Pound, O'Neill, ou mesmo Albert Camus.

Livros, portanto, quer o de Curtius, quer o de Highet, que, no espaço de bibliotecas tensamente ameaçadas por aquilo que um outro testemunho da época, o grande historiador da arte e da cultura Johan Huizinga, chamou "as sombras do amanhã", buscavam contrapor luminosas reflexões acerca da herança cultural aos ruinosos atos de barbárie que devastavam o mundo, até então, dito civilizado. Às bibliotecas que eram destruídas, ou ameaçadas de destruição, substituíam bibliotecas ideais; à desordem do mundo impunham a ordem dos livros, recuperada pela silenciosa leitura dos cânones clássicos, monumentos perenes da tranqüilidade horaciana.

Neste sentido, há uma passagem na vida intelectual de Paul Valéry bastante ilustrativa. Na introdução que escreveu para a tradução que fez das *Bucólicas*, de Virgílio, o poeta confessa que o seu trabalho, realizado nos anos 40, de ocupação da França pelos alemães, em grande parte resultou de um esforço para sobreviver às angústias experimentadas, construindo e prolongando para si mesmo as dificuldades de enfrentar o complexo verso latino virgiliano.

Pensando em Virgílio e em suas relações de pequeno proprietário arruinado com o poder de Augusto, mas também mencionando a adoração de Racine pelo *Roi Soleil*, as maldições de Chénier dirigidas aos tiranos, a abjeta submissão de Corneille, o exílio de Hugo ou a preferência de Goethe pela ordem, mesmo com a vitória da injustiça, Valéry pensa em sua condição, ao afirmar que "[...] o homem de espírito se insurge então mais ou menos manifestamente, ou se tranca num trabalho que exala em torno de sua sensibilidade uma espécie de isolante intelectual". Era este *isolante* que possibilitava o trabalho lento e rigoroso de tradução, verso a verso, da obra de Virgílio, assim como, durante os anos também sombrios da Primeira Guerra Mundial, a composição do poema *La jeune parque*, publicado em 1917, somente fora possível por uma disciplina semelhante da sensibilidade, conforme as declarações do próprio Valéry, nos numerosos comentários que fez acerca desse poema.

Em ambos os casos, seja na tradução de Virgílio, seja na realização do poema, a forte presença de um certo ideal clássico que termina por ser, por assim dizer, um movimento compensatório de tranqüilidade com relação aos *disjecta membra* das convulsões sociais e políticas do tempo.

Deste modo, quer o curso do Columbia College, quer as obras de Auerbach, de Curtius, de Highet, ou os dois exemplos da atividade poética de Paul Valéry, a que se poderiam ainda acrescentar numerosas outras obras, como *O Outono da Idade Média*, de Huizinga, de 1919, ou *A Crise da Consciência Européia*, de Paul Hazard, de 1935, ou ainda a monumental *Paidea*, de Werner Jaeger, de 1933, são casos notáveis do forte traço classicizante que dominou o ambiente intelectual norte-americano e europeu entre as duas Grandes Guerras Mundiais. (Isto, diga-se entre parênteses, para não referir todo o movimento de poesia anti-romântica que dominou um importante grupo de poetas norte-americanos, como, entre outros, Ezra Pound e T. S. Eliot.)

Por outro lado, se no caso das literaturas européia e norte-americana a fixação de cânones literários resultou assim do aparecimento de grandes ensaios de interpretação da herança cultural do Ocidente, quase sempre movidos por um forte apelo classicizante, dando como resultado uma rígida hierarquização de gêneros, raças e modelos culturais, que somente será abalada pelos movimentos multiculturais de anos recentes, no caso brasileiro a formação do cânone literário seguiu, de bem perto, o próprio desenvolvimento de nossas relações de dependência e de autonomia com vistas às fontes metropolitanas.

Para tanto, contribuíram, sobretudo, os esforços no sentido de estabelecer um *corpus* de autores e obras identificados como brasileiros e diferenciados das origens européias, em que se destacavam, como não podia deixar de ser, as portuguesas.

Neste sentido, sobreleva o discurso histórico-literário, desde as suas mais incipientes manifestações românticas, passando pela extraordinária sistematização de Sílvio Romero, em fins do século XIX, até as reformulações modernas e contemporâneas. Foi precisamente um dos autores de importante reformulação contemporânea do discurso histórico-literário, Antônio Candido, que, num dos últimos capítulos de sua *Formação da Literatura Brasileira*, intitulado "Formação do Cânon Literário", sintetizou, de modo exemplar, a questão tal como foi enfrentada pelos românticos brasileiros. Diz ele:

A sua longa e constante aspiração foi, com efeito, elaborar uma história literária que exprimisse a imagem da inteligência nacional na seqüência do tempo – projeto quase coletivo que apenas Sílvio Romero pôde realizar satisfatoriamente, mas para o qual trabalharam gerações de críticos, eruditos e professores, reunindo textos, editando obras, pesquisando biografias, num esforço de meio século que tornou possível a sua *História da Literatura Brasileira*, no decênio de 80.

Visto de hoje, esse esforço semi-secular aparece coerente na sucessão das etapas. Primeiro, o panorama geral, o "bosquejo", para traçar rapidamente o passado literário; ao lado dele, a antologia dos poucos textos disponíveis, o "florilégio", ou "parnaso". Em seguida, a concentração em cada autor, antes referido rapidamente no panorama: são as biografias literárias, reunidas em "galerias", em "pantheons"; ao lado disso, um incremento de interesse pelos textos, que se desejam mais completos; são as edições, reedições, acompanhadas geralmente de notas explicativas e informação biográfica. Depois, a tentativa de elaborar a história, o livro documentário, construído sobre os elementos citados.

Na primeira etapa, são os esboços de Magalhães, Norberto, Pereira da Silva; as antologias de Januário, Pereira da Silva, Norberto-Adet, Varnhagen. Na segunda etapa, as biografias em série ou isoladas, de Pereira da Silva, Antônio Joaquim de Melo, Antônio Henriques Leal, Norberto; são as edições de Varnhagen, Norberto, Fernandes Pinheiro, Henriques Leal etc. Na terceira, os "cursos" de Fernandes Pinheiro e Sotero dos Reis, os fragmentos da história que Norberto não chegou a escrever.

Se a esta excelente exposição forem acrescentados alguns daqueles nomes de historiadores e críticos estrangeiros do Romantismo que se preocuparam com a literatura brasileira e sobre ela escreveram, como Friedrich Bouterwek, Sismonde de Sismondi, Ferdinand Denis, Almeida Garrett, C. Schlichthorst, José da Gama e Castro, Alexandre Herculano e Ferdinand Wolf, todos antologizados por Guilhermino César em *Historiadores e Críticos do Romantismo. 1. A Contribuição Européia: Crítica e História Literária*, tem-se uma perspectiva mais ou menos completa dos esforços desenvolvidos, nos anos que correspondem ao nosso incipiente Romantismo, no sentido de estabelecer o quadro da literatura brasileira, através da reunião e edição dos textos, biografias dos autores e localização histórica das obras, enfim, o estabelecimento de um cânone literário, cujos primeiros delineamentos, apenas esboçados pelas várias e numerosas academias do século XVIII, começam a se impor pela realização de obras de história literária mais coerentes e consistentes na representação da atividade literária no Brasil, como, por exemplo, os textos resultantes dos cursos de Fernandes Pinheiro, *Curso de Literatura Nacional*, ou de Sotero dos Reis, *Curso de Literatura Portuguesa e Brasileira*, ou mesmo *O Brasil Literário*, de Ferdinand Wolf, todos dos anos 60 do século passado.

Assim, não obstante a organização atordoada e os juízos convencionais do curso do Cônego Pinheiro, traços já assinalados por Antônio Candido, ali estão arrolados e de certa forma concatenados na série literária, alguns dos autores que formarão o elenco canônico das nossas futuras histórias literárias: Manoel Botelho de Oliveira, Gregório de Matos, Rocha Pita, Sousa Caldas, Tomás Antônio Gonzaga, Manuel Inácio da Silva Alvarenga, Cláudio Manuel da Costa, Basílio da Gama, Santa Rita Durão, Monte Alverne, Gonçalves de Magalhães, Porto-Alegre, Gonçalves Dias, Teixeira e Souza, Joaquim Norberto, Joaquim Manuel de Macedo, Dutra e Melo, Álvares de Azevedo, Junqueira Freire, Pereira da Silva, Varnhagen e João Francisco Lisboa. E o mesmo Antônio Candido enumerou, em nota ao citado capítulo de sua *Formação*, os autores brasileiros estudados por Sotero dos Reis em seu curso: Durão, Basílio, Sousa Caldas, Odorico Mendes, Gonçalves Dias, Marquês de Maricá, Monte Alverne, Antônio Henriques Leal e João Francisco Lisboa.

É bem de ver que ambas as obras estudam os autores brasileiros entre portugueses, seja conjuntamente, como ocorre no caso de Fernandes Pinheiro, seja separadamente, como em Sotero dos Reis. O mesmo não acontece com a última história mencionada.

Na verdade, o livro de Ferdinand Wolf considera a literatura brasileira isoladamente, embora decorrente da portuguesa, e os autores e obras por ele tratados, com uma ou outra exceção, são expressões brasileiras já diferenciadas, ou em processo de diferenciação, das fontes portuguesas.

Pelo índice da antologia anexada à obra pelo autor, e revelado na última edição do texto, de 1955, por Jamil Almansur Haddad, é possível ver que o elenco de Wolf é, sem dúvida, mais amplo que os anteriores, embora, em muitos pontos, coincidente com eles.

Da escolha de Wolf fazem parte os seguintes autores: Eusébio de Matos, Gregório de Matos, Botelho de Oliveira, Itaparica, Rocha Pita, Antônio José da Silva, Basílio da Gama, Santa Rita Durão, Cláudio Manuel da Costa, Tomás Antônio Gonzaga, Silva Alvarenga, Alvarenga Peixoto, Caldas Barbosa, Sousa Caldas, Frei Francisco de São Carlos, Eloy Ottoni, José Bonifácio, Vilela Barbosa, Visconde de Pedra Branca, Natividade Saldanha, Luís Paulino, Januário da Cunha Barbosa, Ladislau dos Santos Titara, João Gualberto Ferreira dos Santos Reis, Teixeira de Macedo, Bernardino Ribeiro, Antônio Augusto de Queiroga, Monte Alverne, Marquês de Maricá, Gonçalves de Magalhães, Porto-Alegre, Gonçalves Dias, Joaquim Manuel de Macedo, Odorico Mendes, Joaquim Norberto, Teixeira e Sousa, Joaquim José Teixeira, Álvares de Azevedo, Junqueira Freire, José Joaquim Corrêa de Almeida e Varnhagen.

Sei que é longa e cansativa a enumeração de autores; e por ela me desculpo. Mas creio ser o modo mais direto de extrair das três histórias literárias dos anos 1860 os elementos de formação do cânone da literatura brasileira.

Na verdade, os autores e obras estudados por aqueles historiadores, depois de terem sido editados e selecionados por um Joaquim Norberto, um Pereira da Silva ou um Varnhagen, ou biografados por um Antônio Henriques Leal ou um Antônio Joaquim de Melo, conforme o esquema mencionado de Antônio Candido, passaram a ser o núcleo daquele incipiente cânone literário que somente será ampliado, ou diminuído, por novos critérios de leitura dos textos literários, através das perspectivas históricas de um Sílvio Romero, ainda no século XIX, ou de um José Veríssimo já nos inícios do XX.

Por outro lado, embora diferentes nos critérios de seleção, quase sempre, contudo, trazendo importante contribuição para o conhecimento de autores e obras, como é o caso de Joaquim Norberto na edição dos poetas mineiros do século XVIII, ou o de Varnhagen na revelação de poemas de Gregório de Matos em seu *Florilégio*, os trabalhos realizados por esses estudiosos românticos, sem exceção, eram fundados no princípio básico da exaltação nacionalista das expressões brasileiras com relação às fontes européias. Os critérios eram, portanto, a diferenciação e a afirmação de autonomia.

Sendo assim, a escolha dos autores e das obras, e a conseqüente formação do cânone, se, por um lado, não podia fugir ao que, no plano dos conceitos, era tido como literatura segundo os teóricos metropolitanos, por outro lado, todavia, procurava ajustar aqueles conceitos a uma representação que desse conta dos anseios nacionalistas e, portanto, autonômicos.

É de ver que, em quase todos os esboços de história literária, com mais ou menos peso em cada caso, a supremacia era sempre a da representação. Em cada caso: se o critério pesava de modo asfixiante na obra de um Fernandes Pinheiro ou mesmo de um Wolf, era menos predominante, por força mesmo de uma mais arguta leitura dos textos, na seleção mais estrita de um Sotero dos Reis, o qual, segundo Antônio Candido, "deu à sua pátria o primeiro livro coerente e pensado de história literária, fundindo e superando o espírito de florilégio, de biografia e de retórica, pela adoção dos métodos de Villemain".

Isto, é claro, não significa o seu desaparecimento como vetor de orientação no discurso histórico-literário, e mesmo na obra de José Veríssimo, publicada em 1916, cuja concepção era indicadora de um desvio fundamental daquilo a que um crítico recente, Afrânio Coutinho, chamou "tradição afortunada", isto é, a tradição nacionalista da crítica e da história literária, podia-se ler nos seus parágrafos de abertura: "A literatura que se escreve no Brasil é já a expressão de um pensamento e sentimento que se não confundem mais com o português, e em forma que, apesar da comunidade da língua, não é mais inteiramente portuguesa".

Não obstante este *incipit*, que, na verdade, articula o seu discurso histórico-literário ao dos nossos historiadores românticos, toda a tensão da obra de José Veríssimo está em como ajustá-lo ao próprio conceito de literatura que se expressa em outro momento da mesma "Introdução" à *História da Literatura Brasileira*. Ali, em trecho famoso, está dito:

> Literatura é arte literária. Somente o escrito com o propósito ou a intuição dessa arte, isto é, com os artifícios de invenção e de composição que a constituem, é, a meu ver, literatura. Assim pensando, quiçá erradamente, pois não me presumo de infalível, sistematicamente excluo da história da literatura brasileira quanto a esta luz se não deva considerar literatura. Esta é neste livro sinônimo de boas ou belas-letras, conforme a vernácula noção clássica. Nem se me dá da pseudonovidade germânica que no vocábulo literatura compreende tudo o que se escreve num país, poesia lírica e economia política, romance e direito público, teatro e artigos de jornal e até o que se não escreve, discursos parlamentares, cantigas e histórias populares, enfim autores e obras de todo o gênero.

O alvo do último parágrafo é muito claro: Sílvio Romero e sua *História da Literatura Brasileira*, de 1888, cuja "2ª edição melhorada pelo autor", de 1902, dados os seus elementos de ampliação e a revisão a que submeteu o cânone do discurso histórico-literário romântico, fixou-se, por mais de meio século, como o repertório canônico por excelência da historiografia literária brasileira, não obstante os desvios e as oposições de um José Veríssimo ou mesmo de um Ronald de Carvalho e sua *Pequena História da Literatura Brasileira*, de 1919.

Herdeiro de toda aquela enorme tarefa de recuperação e transmissão de textos resultantes da atividade crítico-histórica dos estudiosos românticos, e fundado, em grande parte, naquela "novidade germânica" referida pejorativamente por Veríssimo, fazendo, por isso, da história da literatura uma parte de mais ambiciosa história cultural, Sílvio Romero foi capaz de, por um lado, fazer da história literária um repositório da variada cultura do país e não apenas de sua literatura, e, por outro, graças a uma inteligência aglutinadora e sistemática, dar a seu discurso histórico-literário uma paixão interpretativa com relação ao quadro geral da cultura brasileira, que ainda mais se acentuava pelas características polêmicas de seu temperamento.

Obedecendo a uma divisão em três épocas, que corresponderiam ao próprio desenvolvimento político e social do país – "período de formação, 1500-1750"; "período de desenvolvimento autonômico, 1750-1830"; e "período de transformação romântica, 1830-1870" –, precedidas por um notável capítulo de metodologia e revisão de trabalhos anteriores, intitulado "Fatores da Literatura Brasileira", a *História* não apenas absorvia os cânones anteriores de extração setecentista ou romântica, mas apontava substituições e, ao mesmo tempo, às vezes num mesmo trecho, liquidava com as listas de autores erigidas pelo próprio Sílvio Romero.

É assim, por exemplo, o método adotado por ele ao considerar, no capítulo IX da segunda época, os "Últimos Poetas Clássicos", em que, depois de relacionar mais de vinte nomes "de algum mérito e outros sem merecimento algum", afirma, de modo cortante e definitivo: "Eis aí uma grande lista de nomes obscuros. O leitor não se atormente; só dos dois últimos darei uma análise especial; os outros não a merecem".

Na verdade, os dois nomes excetuados poderão ser também obscuros para o leitor de hoje: Francisco Villela Barbosa e Domingos Borges de Barros, o Visconde de Pedra Branca, podem ser tão desconhecidos quanto Luiz Rodrigues Ferreira ou Antônio José Gomes da Costa, embora *Os Túmulos* do Visconde ainda hoje encontrem os seus leitores, dentre os quais o próprio Antônio Candido, que sobre ele tece interessante análise comparativa acerca do tema da morte do filho, envolvendo também Vicente de Carvalho e Fagundes Varela, logo nas páginas iniciais de sua *Formação*.

O leitor onívoro que foi Sílvio Romero teve também essa função: acrescentar nomes aos elencos preexistentes de autores e obras, deixando pistas para leitores futuros mais perspicazes.

De qualquer modo, trazendo para a leitura histórico-literária o peso de uma formação cultural ampla, em que os métodos positivistas e evolucionistas, fossem inspirados em Taine ou em Spencer, eram postos a serviço de uma urgência de interpretação do próprio desenvolvimento da sociedade e da cultura no Brasil, a *História* de Sílvio Romero impunha um certo discurso histórico-literário que foi decisivo na formação e fixação do nosso cânone literário, ao menos aquele que correspondia desde as primeiras manifestações literárias nos séculos XVI e XVII até a época de formação intelectual do próprio autor, isto é, o momento crucial de transformações empreendidas a partir de 1870, embora cometendo o grave erro de omitir os ficcionistas do século XIX. Assim, se aqueles séculos preenchem o primeiro volume da *História*, ao segundo correspondem as várias fases do que chama Romantismo a partir de 1830.

Por outro lado, embora saiba enriquecer as suas leituras com a transcrição de numerosos textos exemplificativos, o que, sem dúvida, representava um enorme ganho para uma historiografia literária ainda mal aparelhada em termos de documentação textual, é preciso anotar que a retórica naturalista de Sílvio Romero não conseguia ultrapassar a urgência interpretativa de caráter sobretudo nacionalista que ele compartilhava com os seus antecessores românticos. E isto, sem dúvida, tem as mais funestas conseqüências para a constituição do cânone literário, pois a escolha do elenco de autores e obras termina por se definir pela maior ou menor capacidade em funcionar como instrumento de representação do país.

Assim, por exemplo, foi este critério de seleção a marca dominante daqueles compêndios escolares que atuaram como veiculadores do cânone nas escolas brasileiras, alimentadas, sobretudo, pelas versões mais reduzidas e portáteis do *Compêndio de História da Literatura Brasileira*, do próprio Sílvio Romero em co-autoria com João Ribeiro, cuja segunda edição, "refundida", é de 1909, ou mesmo a *Pequena História*, de Ronald de Carvalho, de 1919, que, embora tivesse a vantagem cronológica de trazer o discurso histórico-literário até o Simbolismo de Cruz e Souza, se assentava em pressupostos da mesma ordem que a de Sílvio Romero.

De fato, não obstante a qualificação do título, é grande a generosidade do autor na enumeração de autores e obras, quase todos pertencentes ao cânone romeriano, com a desvantagem, em relação àquela, de não trazer novidades de investigação erudita ou de crítica poética e, muito menos, a garra interpretativa que ali está presente. (Diga-se que é mesmo curioso o fato de que um poeta, surgido sob as influências pós-simbolistas dos inícios do século, chegando mesmo a participar da Semana de Arte Moderna de 22, continuasse tão entranhadamente naturalista ao se metamorfosear em historiador literário, assumindo, por isso, as posições conservadores da nossa tradição de historiografia literária.)

Três anos antes da edição da obra de Ronald de Carvalho e no mesmo ano da morte do autor, 1916, mas aparecida postumamente, tinha sido publicada a *História da Literatura Brasileira. De Bento Teixeira [1601] a Machado de Assis [1908]*, de José Veríssimo.

Era, sem dúvida, obra resultante de uma longa experiência de crítica e ensino: ao publicar a *História*, José Veríssimo tinha a seu crédito não apenas os volumes sobre educação, etnologia, cultura e literatura brasileiras publicados em sua fase paraense, em que sobressaem *A Educação Nacional*, os dois volumes de *Estudos Brasileiros* e *A Pesca na Amazônia*, mas, sobretudo, os volumes que reuniam os seus textos aparecidos na imprensa do Rio de Janeiro, como os seis volumes de *Estudos de Literatura Brasileira*, os três de *Homens e Coisas Estrangeiras*, ou mesmo o volume *Que é Literatura e Outros Escritos*, além da edição de algumas obras fundamentais da literatura brasileira, como *Marília de Dirceu*, de Tomás Antônio Gonzaga, ou as obras de Basílio da Gama.

Nesse sentido, pode-se, de fato, afirmar que a sua *História* é uma obra de síntese de toda a sua atividade; uma obra de sua maturidade intelectual, à diferença da de Sílvio Romero, que foi escrita em meio à sua exuberante carreira.

O que, por outro lado, não significa dizer que a obra, em sua elaboração, não se tenha submetido a processo semelhante que orientou a publicação de outros livros do autor: algumas versões de capítulos foram publicadas na imprensa, sobretudo na *Revista da Academia de Letras* ou na *Revista Kosmos*, e mesmo o plano geral da obra serviu de tema para conferências do autor em curso da então chamada Escola Popular, realizado na Biblioteca Nacional.

De qualquer modo, a obra tem grande coerência na ordenação de seus dezenove capítulos, precedidos por uma "Introdução" metodológica, já anteriormente citada, de importância para o estudo de nossa historiografia literária, percebendo-se por ela, por exemplo, como a influência contumaz do naturalismo de Taine é mitigada pela leitura de Gustave Lanson, de quem a *Histoire de la littérature française*, cuja primeira edição é de 1894, é citada, com aprovação, pelo escritor brasileiro a partir da edição de 1912.

Descontado o pequeno atraso, comum na recepção brasileira no que diz respeito às relações literárias com fontes estrangeiras, sobretudo críticas, a citação de Lanson assim como a lembrança de Sainte-Beuve, que ocorre no final do texto introdutório, apontam para um esforço que me parece ser a marca da tensão fundamental da obra de Veríssimo no sentido de superar as amarras de sua formação intelectual como homem originário do ambiente cultural contaminado por aquilo que Sílvio Romero chamou de um "bando de idéias novas" (leia-se, sobretudo, evolucionismo e positivismo) e que o próprio Veríssimo, na *História*, vai caracterizar como "Modernismo".

(Aliás, em nota de rodapé, o autor assinala a diferença entre o seu uso do termo e aquele adotado pelo crítico peruano Ventura Garcia Calderon, em obra de 1910, para caracterizar a literatura hispano-americana de corte parnaso-simbolista. Ali, afirma o escritor brasileiro: "Para mim [o modernismo] é o conjunto de idéias literárias, ou manifestando-se literariamente, influídas pela corrente geral de idéias filosóficas e científicas a que se chamou pensamento moderno".)

Sem complicar a periodização, aceitando como divisores os dois períodos da história política, isto é, o colonial e o nacional, Veríssimo, entretanto, não foge à regra que orientou todos os seus precursores: a definição de uma literatura brasileira, de um modo geral, é afirmada pela intensidade maior ou menor de um vago "espírito nacional", sempre pensado em confronto com as expressões metropolitanas.

Por outro lado, todavia, por ter da literatura uma concepção mais restrita, de certo modo menos conteudista e dando maior atenção aos elementos de formalização, que se deduz da afirmação da literatura como arte literária, a paixão interpretativa que fazia da leitura das obras literárias um modo ambicioso de leitura da cultura em geral, como está, sobretudo, em Sílvio Romero, mas também em seus antecessores românticos, começa a ser minada por uma paixão analítica, embora de teor impressionista ou, antes, "humanista", como está no historicismo de Lanson, ainda que disfarçado pelas declarações de objetividade, como muito bem anotou Roland Barthes no ensaio *Sur Racine*.

Era o impasse com o qual tinha que se haver a obra de Veríssimo: uma espécie de aguda dilaceração entre a sua formação naturalista de crítico e as mais recentes manifestações da criação poética, dentre as quais avultava o Simbolismo, que exigiam uma ultrapassagem dos modelos de crítica inspirados naquela formação.

Desse modo, não incluiu os poetas simbolistas na *História*, embora a eles, isto é, aos dois principais, segundo o cânone estabelecido quer por Ronald de Carvalho, quer por Nestor Vítor, ou anteriormente por Araripe Júnior, Alphonsus de Guimaraens e Cruz e Souza, tenha consagrado ensaios isolados, de grande incompreensão é verdade, coletados nos *Estudos de Literatura Brasileira*. Assim como Lanson não soube ver a novidade revolucionária de Mallarmé, assim Veríssimo não conseguiu vislumbrar a importância da linguagem de um Cruz e Souza. Em termos de poesia, a *História* termina com os parnasianos sobre os quais Veríssimo encontrava o que dizer, sem se desfazer de sua herança naturalista.

É bem verdade, entretanto, que o impasse criado entre aquela herança e a concepção de literatura esboçada na "Introdução" à *História* é também responsável pelo modo mais arejado e mais adequado com que lê o Romantismo, que ocupa o centro da obra, e, por outro lado, que o faz abrir um capítulo especial, o último do livro, dedicado a Machado de Assis, percebido, a partir do seu momento, como culminância da literatura brasileira e parâmetro para o futuro.

Mais ainda, e isto é fundamental para a fixação do cânone de nossa literatura, sobressai a economia com que trata autores e obras dos séculos anteriores ao Romantismo, libertando-se da enumeração exaustiva, caótica e, muitas vezes, sem qualquer critério literário, que havia sido dominante em seus antecessores.

Sendo assim, por exemplo, os séculos XVI e XVII são reduzidos a sete autores e uma obra de autoria incerta em seu tempo: Bento Teixeira Pinto, José de Anchieta, Gabriel Soares de Souza, Fernão Cardim, *Diálogo das Grandezas do Brasil*, Frei Vicente do Salvador, Manuel Botelho de Oliveira e Gregório de Matos. Do mesmo modo, antes do que chama "A plêiade mineira", no século XVIII são elencados apenas cinco autores: Frei Manuel de Santa Maria Itaparica, Rocha Pita, Nuno Marques Pereira, Matias Aires e Domingos Caldas Barbosa.

Mas onde melhor, e mais adequadamente, se exerce a escolha seletiva e econômica do autor é, sem dúvida, nos estudos consagrados ao Romantismo, em que, pela certeira classificação de duas gerações, precedida por um capítulo sobre "predecessores do Romantismo" e seguida por um outro sobre "os últimos românticos", abre capítulos intermediários muito importantes, quer sobre o que chama de "próceres do Romantismo", quer sobre "Gonçalves Dias e o grupo maranhense", estabelecendo, desta maneira, um quadro romântico de autores e obras que será dominante na historiografia literária de meio século depois.

Assim, enquanto naquele cria o espaço necessário para discutir alguns autores decisivos na formação do cânone romântico (e são estudados seis nomes: Porto-Alegre, Teixeira e Souza, Pereira da Silva, Varnaghen, Norberto e Joaquim Manuel de Macedo), neste outro, além de dar o destaque merecido a Gonçalves Dias, sabe valorizar a importância isolada do grupo que constituiu uma verdadeira "ilustração" brasileira no século XIX, elencando nomes como Odorico Mendes, Antônio Henriques Leal, Sotero dos Reis e João Francisco Lisboa, sem deixar de mencionar, com destaque, o poeta Joaquim Gomes de Souza, cuja atividade como tradutor de poesia era exaltada por seus contemporâneos, e Veríssimo anota a existência de uma "antologia de poemas líricos das principais línguas cultas" de sua autoria, embora tenha sido esquecida pelos pósteros. Não chegou, entretanto, a perceber a novidade da linguagem romântica de um outro Joaquim, Souzândrade, arrolando-o entre "homens de letras ou de saber, todos que com obras de vários gêneros e mérito continuaram até perto de nós o movimento literário da sua província pelo grupo primitivo iniciado". Mas este teria mesmo que esperar, como o próprio poeta previra, pela atividade historiográfica de quase meio século depois. E, mesmo assim, uma historiografia reivindicatória de uma tradição brasileira de linguagem inventiva exercida pela vanguarda poética e crítica dos anos 60 de nosso século.

Entre a obra rigorosa de José Veríssimo e esta historiografia de vanguarda, entretanto, o cânone da literatura brasileira, em função mesmo das inovações poéticas e ensaísticas que decorreram da ampla experimentação desencadeada pelo movimento modernista de 1922, sofreria o impacto do aparecimento, nos anos 50, de duas obras fundamentais da nossa historiografia literária: os seis volumes de *A Literatura no Brasil*, introduzida, organizada e dirigida por Afrânio Coutinho, cuja publicação se estendeu entre 1955, quando apareceram os dois primeiros volumes, e 1968, data da edição dos dois últimos, tendo o terceiro sido publicado em 1959, e os dois volumes da *Formação da Literatura Brasileira. Momentos Decisivos [1750-1880]*, de Antônio Candido, de 1959.

A primeira obra, cuja terceira e última edição é de 1986, e já em co-direção com Eduardo Faria Coutinho, teve como propósito explícito a realização de uma história literária que, incorporando os dados do chamado *New criticism* anglo-americano, tratasse a literatura brasileira em termos estéticos e estilísticos, libertando-a das perspectivas naturalistas ou impressionistas ainda dominantes na *Pequena História*, de Ronald de Carvalho, ou mesmo nos dois volumes da *História da*

Literatura Brasileira, de Arthur Mota, de 1930, e que dizem respeito aos séculos XVI, XVII e XVIII.

Deste modo, o princípio de base é a divisão da literatura brasileira em estilos de época: eras barroca, neoclássica, romântica, realista, de transição, compreendendo o Simbolismo e o Impressionismo, e modernista, tudo precedido por um capítulo de "Generalidades" que, na verdade, corresponde ao primeiro volume, e sucedido por um outro de "Relações e Perspectivas" e "Conclusão" que forma o sexto e último volume.

Esta concepção da obra, obrigando a tratar a literatura segundo critérios artísticos, se, por um lado, teve a enorme vantagem de procurar aprendê-la através de pressupostos estético-estilísticos, afastando alguns preconceitos de muito assentados em nossa historiografia literária, como, por exemplo, a negação do Barroco ou a incompreensão com a escrita simbolista ou impressionista, nem sempre, por outro lado, é bem resolvida pelos inúmeros colaboradores, nem todos, é claro, afinados com tal concepção.

Sendo assim, se as diversas introduções escritas pelo organizador para os seis volumes revelam uma maturidade crítica e um amplo conhecimento das modernas correntes críticas que sustentam o excelente plano da obra, os ensaios particulares nem sempre correspondem aos propósitos ali fixados.

Então, se, no primeiro volume, destacam-se, pela sistematização do conhecimento na área ou pela novidade de perspectiva, textos como o de Wilton Cardoso sobre a língua literária, o de Câmara Cascudo sobre literatura oral e literatura popular, o de Fernando de Azevedo sobre a escola e a literatura, ou o de Antônio Candido sobre o escritor e o público, o volume acaba ressentindo-se da ausência de textos que discutam a própria metodologia adotada na obra, isto é, ensaios que se indaguem pela própria condição estético-estilística da literatura em relação, inclusive, com os tópicos abordados no volume. Do modo como foram concebidos e realizados, os ensaios do primeiro volume parecem descender, muito proximamente, daquelas indefectíveis introduções que estão sempre presentes nas histórias literárias de corte naturalista.

Entre tais ensaios e o conjunto de textos particulares a seguir existe pouca, ou quase nenhuma, relação.

Escritos por autores diferentes, com métodos e objetivos diversos, tais textos, independentes de sua maior ou menor adequação, não trabalham, em geral, a mesma linguagem crítico-histórica daquela estabelecida para a obra em geral. Assim, por exemplo, existe uma enorme distância entre a linguagem do organizador e a leitura de um Josué Montello. Ou de um Wilson Marins, no primeiro volume. Na verdade, querendo dar espaço à pluralidade de abordagens, a obra homogeneíza de tal maneira as linguagens que termina por anular a linguagem crítica que tinha por objetivo conseguir.

De qualquer modo, a obra representou uma ruptura, ao menos de propósito, com relação à tradição naturalista iniciada por Sílvio Romero – daí, no último volume, Afrânio Coutinho falar explicitamente de compromisso anti-romeriano da obra –, e se, por um lado, dá continuidade ao cânone de autores e obras fixado dentro daquela tradição, por outro, em casos isolados, e graças aos esforços individuais de alguns colaboradores, acrescenta nomes e obras àquele cânone. Refiro-me, sobretudo, aos estudos de Andrade Muricy sobre o Simbolismo – Muricy é também o responsável pelos volumes antológicos do Simbolismo, intitulados *Panorama do Movimento Simbolista Brasileiro* –, ou mesmo o texto de Fausto Cunha sobre o Romantismo, em que já vem destacada a singularidade de Souzândrade dentro daquele movimento. Ou mesmo os estudos acerca do regionalismo na ficção, no volume dedicado à "era realista", através de uma classificação em ciclos – nortista, nordestino, baiano, central, paulista e gaúcho –, em que muitos autores e obras são recuperados e interpretados para o conjunto da literatura brasileira, como é o caso dos nortistas Alberto Rangel, o José Veríssimo ficcionista das *Cenas da Vida Amazônica* ou Viana Moog, dos nordestinos Oliveira Paiva, o Araripe Júnior ficcionista, Carneiro Vilela ou Mário Sete, dos baianos Xavier Marques, Muniz Barreto ou Elvira Foepell, dos mineiros e goianos Felício dos Santos, Afonso Arinos, Godofredo Rangel ou Hugo de Carvalho Ramos, dos paulistas Valdomiro Silveira, Cornélio Pires ou Hilário Tácito, dos gaúchos Caldre Fião, Apolinário Porto Alegre, Alcides Maia ou Simões Lopes Neto.

Enfim, um conjunto de autores e obras do momento realista que apontam para a tradição regionalista na literatura brasileira que vai atingir o seu apogeu e maior refinamento estilístico na década de 30 do século XX com um Graciliano Ramos, um José Lins do Rego ou mesmo, no extremo sul, um Érico Veríssimo.

Mais uma vez, entretanto, é preciso dizer que os ensaios correspondentes a cada um dos ciclos são muito diversos em suas perspectivas de abordagem e em seu alcance crítico, indo desde o mais ingênuo impressionismo e puro e simples levantamento de dados, datas, autores e obras, como no caso de Aderbal Jurema no que se refere ao ciclo nordestino, até as atiladas observações de um crítico analista, no que diz respeito ao ciclo gaúcho, como Augusto Meyer.

Sendo assim, lida com o discernimento crítico adequado, a obra organizada por Afrânio Coutinho representou, sobretudo no momento de sua publicação, a possibilidade de uma leitura mais ventilada do cânone da literatura brasileira, quer reorientando este mesmo cânone, como nos exemplos mencionados do Barroco ou do Simbolismo, quer a ele acrescentando elementos que, mais tarde, serão importantes e mesmo decisivos para leituras de movimentos ou autores contemporâneos – caso do Regionalismo de 30 ou da obra de um João Guimarães Rosa e um seu precursor, o gaúcho Simões Lopes Neto.

Mais ainda: a obra buscava indicar, no plano teórico, a viabilidade historiográfica, para o caso brasileiro, de uma leitura fundada numa concepção estético-estilística da literatura que se opusesse à pesada carga naturalista da tradição.

Embora existissem esforços anteriores que, às vêzes vagamente, acenassem para uma abordagem semelhante, e é bastante lembrar a concepção de José Veríssimo, da literatura como arte literária ou mesmo a noção estetizante e impressionista de uma literatura luso-brasileira tal como era defendida por Antonio Soares Amora em sua *História da Literatura Brasileira* publicada no mesmo ano, 1955, de aparecimento de *A Literatura no Brasil*, esta, de modo mais consistente e em maiores dimensões, fazia a defesa explícita daquele método, embora nem sempre, como já se viu, atingisse a sua plena realização, dada a heterogeneidade de seus colaboradores.

Um deles, Antônio Candido, estabeleceria uma espécie de compromisso entre a herança naturalista, e não me refiro apenas à tranqüila autodefinição romeriana, mas, sobretudo, ao impasse que se registra na obra de José Veríssimo, e uma leitura analítica da obra literária inspirada também em abordagens aprendidas quer com o New criticism, quer com a estilística de um Leo Spitzer, ou, mais ainda, de um Erich Auerbach.

O resultado foram os dois volumes que constituem a *Formação da Literatura Brasileira. Momentos Decisivos (1750-1880)*, publicados em 1959, mas, segundo informação do próprio autor, redigidos entre 1945 e 1951 e revistos nos anos de 1955, 1956 e 1957, ano em que assina o prefácio da obra. (Assinale-se que é do mesmo ano de 1959 a publicação do primeiro volume, de um conjunto de oito, de uma obra que é um marco da historiografia literária publicada no país, embora não trate da literatura brasileira, a não ser muito marginalmente, e ser escrita por um brasileiro de adoção: refiro-me à *História da Literatura Ocidental*, de Otto Maria Carpeaux, em que se busca aplicar ao estudo da literatura, historicamente considerada, o método estilístico-sociológico, aproximando-a por aí quer do projeto da obra de Afrânio Coutinho, quer da obra de Antônio Candido, como se verá.)

Tendo por objetivo o amplo estudo de três momentos da literatura no Brasil – o Arcadismo, a Ilustração e o Romantismo –, talvez o principal traço distintivo da *Formação* seja o deslocamento do eixo de aproximação histórica à nossa literatura: em lugar de uma perspectiva eminentemente interpretativa, que dominara toda a nossa tradição histórico-crítica, na obra de Antônio Candido se acentua e se intensifica o eixo analítico, o que significa dizer que não se utiliza a literatura como veículo de uma interpretação cultural, mas, respeitando-se a sua autonomia como obra de arte, busca-se estabelecer caminhos de acesso àquela.

Por outro lado, embora tenha uma forte e bem construída interpretação do lugar da literatura na cultura brasileira em geral, as relações de interdependência entre autor, obra e público que embasam a noção de sistema literário como, teoricamente, oposto à noção de manifestação literária, e que, ao mesmo tempo, asseguram a coerência das análises particulares e permitem o revezamento constante entre história e literatura, isto não oblitera a predominância do juízo crítico fundado na análise literária. Num determinado passo do "Prefácio", o autor deixa explícita a trama compositiva da obra, ao afirmar: "A base do trabalho foram essencialmente os textos, a que se juntou apenas o necessário de obras informativas e críticas, pois o intuito foi não a erudição, mas a interpretação, visando o juízo crítico, fundado sobretudo no gosto".

O que faltou dizer, para que a trama se completasse, e é, certamente, dado como óbvio, é que entre a interpretação e o juízo crítico resultante, ainda que tendo por base um vago "gosto", estava o momento decisivo da análise, sem o que aquele juízo, ainda mais se confundido com o "gosto", nada teria de crítico. E esta nossa interpretação encontra o seu respaldo na própria obra, em que os capítulos mais gerais de preparação à leitura individualizada dos textos literários, sobretudo no primeiro volume, quando são discutidos conceitos culturais como razão, natureza e verdade a fim de apreender a figura a extrair do nosso século XVIII, não apenas servem de fundo às obras literárias surgidas dos movimentos academicistas, em que se singulariza a de Sousa Nunes, mas já aparecem como resultantes da leitura das complexidades impostas pela posição de intervalo assumida pela poesia de Cláudio Manuel da Costa. Que estas complexidades sejam antes extraídas da leitura dos poemas de Cláudio que decorrentes de uma aproximação interpretativa daqueles conceitos de cultura é marca do pendor analítico do método histórico-literário do autor.

Neste sentido, por exemplo, é fundamental que a leitura da poesia de Cláudio, encontrando a sua metáfora crítica essencial na relação entre a rocha, como imagem recorrente, e a brandura como sentimento contrastante, não venha a escamotear a presença de elementos de toda ordem, os sociais, os históricos e psicológicos que, por assim dizer, são resolvidos na estrutura estética da obra. É esta resolução, quer dizer, este resultado enquanto obra literária, que define o lugar da poesia de Cláudio no sistema literário, instituído pelo sentido quer da história em geral, quer da história literária em particular.

Este modelo de análise domina a *Formação*, e ainda no primeiro volume é o que permite as caracterizações arcádicas dos poetas pertencentes àquela "plêiade mineira", na expressão de José Veríssimo, lidos por todos os antecessores da tradição histórico-literária. Se não há novidade no sentido da fixação canônica, a leitura agora empreendida, dado o seu teor fortemente analítico e judicativo, o que vem acrescentar são, sobretudo, argumentos mais fortes e plenos para a própria canonização.

No entanto, ainda nesse primeiro volume, é possível indicar um momento de salto na leitura do cânone de nossa literatura. Refiro-me ao capítulo VII, "Promoção das Luzes", em que são articulados os elementos que, através de alguns nomes e obras, construíram uma espécie de Ilustração brasileira, a "nossa Aufklärung", como a denomina o próprio Antônio Candido.

Nomes como Sousa Caldas, Antônio Ferreira de Araújo Guimarães, o diretor de *O Patriota*, Hipólito da Costa, do *Correio Brasiliense*, Frei Caneca ou Evaristo da Veiga, todos autores do que Antônio Candido chama "gêneros públicos", são resgatados da história política para a literária por meio de pertinentes análises textuais e de estilo, construindo o crítico, às vezes, metáforas de grande eficácia como, por exemplo, ocorre ao tratar do estilo de Evaristo da Veiga, em trecho no qual cita até mesmo Roland Barthes, quando ainda era muito pequena a voga do crítico francês no país:

> Como escritor é fácil e correto, abandonando poucas vêzes o tom de serenidade, objetivo e simples. O seu período tende à largueza, como era comum no tempo, e quando o ardor da argumentação o empolga chega a ser muito extenso, cortado de subordinadas, sem perder a clareza e o fio. Se retomarmos a imagem proposta mais alto, e imaginarmos a pena como algo orgânico ao escritor, fazendo parte do seu corpo e prolongando no contato com a página o ritmo da sua vida, diremos, à maneira simbólica de Roland Barthes, que o de Hipólito da Costa é um estilo encéfalo, o de Frei Caneca um estilo sangue, o de Evaristo um estilo linfa. Necessário à vida, mas pálido, evocando idéias de serenidade e mediania.

Da mesma maneira, ainda que se conservando obediente ao cânone tradicional da literatura romântica no Brasil, em que os autores e as obras destacados são, em síntese, aqueles mesmos examinados por seus antecessores, são as análises e não apenas a afirmação de importância interpretativa que operam ponderáveis deslocamentos no modo de fixá-los em nosso cânone literário.

Sendo assim, por exemplo, a própria obra escolhida para marcar a intensidade do indianismo em Gonçalves Dias, o poema "Leito de Folhas Verdes", renova as abordagens ao poeta, na medida em que as observações de leitura procuram uma sutura de elementos significativos a partir dos aspectos da composição, por assim dizer, técnicos do verso, em que ritmos e imagens produzidos pela linguagem são privilegiados como agenciadores dos mais profundos significados do texto.

Assim, também, a idéia central da nossa ficção romântica como "um instrumento de descoberta e interpretação", tal como se propõe no Cap. 3, em que se destacam as leituras de Teixeira e Sousa, e Joaquim Manuel de Macedo, consegue operacionalizar uma releitura do "aparecimento da ficção" no Brasil, fugindo aos cacoetes críticos usuais, acenando para a atividade ficcional como meio de representação literária que, ao mesmo tempo em que decorre, acrescenta elementos de invenção à leitura da realidade.

É não somente a análise da ficção mas a ficção como análise: uma invenção crítica que só a tensa relação entre o historiador e o crítico, sabendo impregnar o discurso histórico-literário com elementos fundamentais do discurso crítico-teórico, consegue expressar.

Não se veja aí, entretanto, apenas a contribuição teórica dos movimentos críticos mais ou menos contemporâneos do autor, como a estilística ou o New criticism: para a sua percepção de tais autores e obras da literatura brasileira foram essenciais os próprios poetas saídos do Modernismo de 22, destacando-se os dois que também foram poetas-críticos: Mário de Andrade e Manuel Bandeira. É, sem dúvida, com eles, além, é claro, de seus antecessores de historiografia literária, que dialoga o método crítico de Antônio Candido, ou, melhor, a escrita crítica dele, acerca da poesia e da prosa de ficção do Romantismo. Não é de estranhar: à disposição estavam os ensaios e as valiosas antologias de Manuel Bandeira para os poetas, ou as observações interpretativas, de traço muito pessoal, de Mário de Andrade quer sobre os poetas, como, por exemplo, Álvares de Azevedo, quer sobre a prosa de ficção, bastando lembrar José de Alencar ou Manuel Antônio de Almeida.

Por outro lado, todavia, a pressão sobre o cânone romântico, neste segundo volume da *Formação*, é exercida sobretudo, de maneira marginal, em subcapítulos que, em geral, trazem a denominação de "menores".

Neste sentido, vale a pena assinalar o trecho do Cap. 2, "Os Primeiros Românticos", em que trata de Francisco Otaviano, intitulado "Otaviano, Burguês Sensível", quando solicita uma maior atenção dos críticos para a obra do autor, salientando a sua qualidade como tradutor de poesia (e Antônio Candido enumera os poetas por ele traduzidos: Horácio, Catulo, Alfieri, Byron, Shelley, Ossian, Moore, Musset, Victor Hugo, Uhland, Goethe, Schiller, Shakespeare, ainda à espera de uma oportuna edição moderna, acrescente-se), sabendo dar à tradução poética um valor que não era tão usual no tempo do crítico quanto se possa imaginar no nosso em que é tida em alta conta.

Tanto a obra organizada por Afrânio Coutinho quanto a de Antônio Candido surgiram num momento de grande efervescência cultural no Brasil, decorrente, sobretudo, do projeto desenvolvimentista desenhado para o país pela política de Juscelino Kubitschek.

Na verdade, seguindo-se à I Bienal de Arte de São Paulo, em 1951, e coincidente com as comemorações do IV Centenário da cidade, em 1954, logo nos anos seguintes assistia-se a, pelo menos, três acontecimentos literários marcantes: num mesmo ano, 1956, eram publicadas as duas obras mais importantes de João Guimarães Rosa, o conjunto de novelas *Corpo de Baile* e *Grande Sertão: Veredas*, os poemas reunidos de João Cabral de Melo Neto, *Duas Águas*, e acontecia a exposição de *Poesia Concreta*, marcando, por assim dizer oficialmente, a presença de uma vanguarda de corte internacionalista no país.

Por outro lado, aquilo que as obras do ficcionista e do poeta traziam para o centro do debate crítico, quer dizer, a invenção de uma literatura em que os traços localistas, herdeiros quer do regionalismo realista-naturalista, quer do regionalismo dos anos 30, e os cosmopolitas, herdeiros do movimento de modernização desencadeado pela Semana de 22, eram tensamente enfrentados e resolvidos por uma linguagem inovadora, foi, como já se viu, reconsiderado pelas duas obras de historiografia literária, ainda que tivesse um maior peso na reflexão e no próprio estilo de Antonio Candido, não obstante o esforço inovador de método perseguido pela obra dirigida por Afrânio Coutinho.

Deste modo, num determinado momento, mais ou menos até o golpe militar de 1964 e seus desdobramentos funestos para a cultura, nos anos que se seguiram, a reflexão histórico-crítica, com ênfase na de Antônio Candido, era coincidente no mais importante, isto é, numa leitura em que conviviam a nota ideológica e a autonomia relativa da criação literária, com as propostas da vanguarda, sobretudo a concreta, com destaque para os seus poetas-críticos da primeira hora, isto é, Augusto e Haroldo de Campos e Décio Pignatari. (Diga-se, de passagem, que exemplos do diálogo fertilizador entre tais reflexões e a prática da literatura foram dados nos dois Congressos de Crítica e História Literária, que se realizaram nos inícios dos anos 60, o de Assis, São Paulo, em 1961, e o de João Pessoa, Paraíba, em 1962.)

Foi precisamente neste último Congresso que, através de trabalhos apresentados por alguns de seus participantes, três autores maranhenses do século passado eram repensados por novas leituras críticas que buscavam incluí-los, de modo mais eficaz, no canône literário brasileiro: João Francisco Lisboa, Odorico Mendes e Souzândrade. Refiro-me, sobretudo, aos textos de Luiz Costa Lima sobre o poeta do *Guesa* e de Haroldo de Campos sobre a criação daquilo que o poeta concreto vai chamar, mais tarde, tradução/invenção por Odorico Mendes.

Era, na verdade, o início de reconsideração do canône literário, com especial ênfase na poesia, mas não apenas, desenvolvida pelos poetas concretos que terá como resultado, logo a seguir, no ano de 1964, a publicação do volume *ReVisão de Souzândrade*, de Augusto e Haroldo de Campos, com ensaio de Costa Lima e colaboração bibliográfica de Erthos de Souza, ou, um pouco mais tarde, os ensaios introdutórios de Haroldo de Campos às reedições de Oswald de Andrade, dirigidas por Antônio Candido, ou, mais tarde ainda, a releitura dos simbolistas realizada por Augusto de Campos, do que resultou o livro *ReVisão de Kilkerry*, em 1971, e os textos posteriores sobre Maranhão Sobrinho e Ernâni Rosas.

Se é possível ver em todo esse enorme e fértil trabalho de releitura e revisão do cânone por parte dos poetas de vanguarda (e é preciso não esquecer também os ensaios de recuperação de um outro vaguardista, Mário Chamie, sobre Hilário Tácito e seu romance *Madame Pommery)* um gesto reivindicatório com relação ao passado literário pela construção de um conjunto de autores precursores da própria vanguarda, o que, no mais, segue o que há de mais inventivo na literatura de todos os tempos e lugares, o que mais importa é o deslocamento do paradigma histórico-literário: de uma visão linear e somente diacrônica da história literária para uma percepção das intersecções sincrônicas operadas naquela visão.

Informados por concepções lingüísticas de grande interesse para as reflexões poéticas, como as de Roman Jakobson, por exemplo, mas, sobretudo, fundados na própria experiência criadora com a linguagem poética, tais poetas-críticos representam também a vanguarda na leitura de nosso cânone literário e mesmo que não se esteja de acordo com os seus gostos e escolhas (como parece ser o caso, para citar somente o maior de seus interlocutores, de Antônio Candido, no que se refere à releitura das traduções dos clássicos gregos e latinos por Odorico Mendes), é inegável a contribuição revisionista para uma literatura tão esvaziada, quanto a brasileira, de verdadeiros gênios inventivos, sobretudo se se anota que tais leituras e revisões têm sempre se exercitado para a adição e não para a exclusão de autores e obras.

É o caso da leitura que faz Haroldo de Campos da *Formação da Literatura Brasileira*, especificamente sob o ângulo do problema da origem da literatura brasileira – o que, por caminho diverso, já havia sido tratado por Afrânio Coutinho no ensaio dedicado à obra de Antônio Candido do mesmo ano de sua publicação, 1959, hoje fazendo parte do livro *Conceito de Literatura Brasileira*, de 1981 –, intitulado *O Seqüestro do Barroco na Formação da Literatura Brasileira: o Caso Gregório de Matos*, de 1989.

Nesse ensaio, mais do que polemizar com o autor da *Formação* no que diz respeito ao que chama visão substancialista da história em Antônio Candido, o que se traduziria numa percepção teleológica da literatura, no caso da brasileira e do autor da *Formação*, guiada pela noção de "espírito nacional" de nossa tradição historiográfica e que, por isso, haveria de privilegiar o Romantismo com a conseqüente recusa do Barroco, Haroldo de Campos busca, num conceito de literatura que se suporte antes na função poética da linguagem que em suas funções referenciais e emotivas, segundo os termos da lição de Jakobson, os argumentos essenciais não apenas para o resgate da voz barroca de Gregório de Matos, mas os elementos com os quais possa trabalhar uma outra história literária, aquela das intersecções sincrônicas, e não apenas alinear e diacrônica já referida.

É, deste modo, uma operação de adição, isto é, no sentido de anotar o que chama "seqüestro do barroco" e pedir a inclusão, em nosso sistema literário, do nome e da obra, ainda que muito disputada em sua autenticidade filológica, de Gregório de Matos.

Mais ainda, todavia, é uma espécie de resumo daquelas idéias para a construção de uma história literária de corte sincrônico que já eram trabalhadas nas várias revisões empreendidas anteriormente.

Neste sentido, é, sem dúvida, essencial para uma discussão acerca da formação do cânone da literatura brasileira e, certamente, deverá contar para a nossa historiografia literária posterior.

Como alguma coisa das revisões passadas da vanguarda contaram para, ao menos, duas histórias literárias publicadas nas décadas de 70 e 80. Refiro-me à *História Concisa da Literatura Brasileira*, de Alfredo Bosi, de 1970 e já com 32 edições, e a *História da Literatura Brasileira*, em quatro volumes, de Massaud Moisés, de 1983-1986.

Para ficar só no caso mais famoso de revisão, em ambas o poeta Souzândrade merece um destaque que não havia merecido nas histórias anteriores, com exceção do ensaio mencionado de Fausto Cunha incluído em *A Literatura no Brasil*.

No entanto, o que nessas histórias não conta é a própria discussão acerca do discurso histórico-literário com tanta intensidade problematizado pelas vanguardas.

Os autores terminam, assim, por assumir uma posição conservadora quanto aos métodos histórico-literários, escrevendo as suas histórias literárias nos limites de um naturalismo crítico tradicional, em que nem mesmo os esforços analíticos individuais, e seria preciso assinalar algumas formulações adequadas de Alfredo Bosi no que se refere, por exemplo, à literatura dos tempos coloniais ou à prosa realista-naturalista, ou mesmo o grande esforço de pesquisa histórica de Massaud Moisés e, sobretudo, a importância que concede ao Simbolismo, a ele dedicando todo o terceiro volume de sua *História*, fazem-nas escapar da repetição e do lugar-comum historiográfico.

Mesmos autores, mesmas obras, na sucessão de quadros canônicos seculares, acrescidos, aqui e ali, mas sem maiores repercussões de análise literária, pelo próprio tempo histórico, e em decorrência dos métodos historiográficos adotados. Não aquela adição ao cânone, advinda de uma releitura capaz de pôr em xeque as *fables convenues* da historiografia tradicional.

Hoje é cada vez mais evidente que a história não se define apenas como tarefa de acumulação de datas e dados, mas que impõe, para a sua própria efetivação, uma metalinguagem que se volte para o discurso histórico.

Este será, com toda a probabilidade, o trabalho principal de uma historiografia literária para o futuro.

No momento, no difícil momento de fim de século, o que resta, como restava para aqueles homens que viviam os difíceis momentos de entre-guerras, é cuidar de nossa biblioteca imaginária, metáfora para o cânone daquele tempo que virá.

Leitura, Ensino e Crítica da Literatura

A ordem escolhida para os termos deste ensaio, além de realizar aqueles possíveis valores subliminares enfatizados por Roman Jakobson no belo texto *À Procura da Essência da Linguagem*, responde a uma preocupação metodológica, que é bom, desde logo, acentuar.

Na verdade, situado entre a leitura e a crítica, o ensino da literatura é proposto, por um lado, como decorrência (da leitura) e, por outro, como encontrando o seu prolongamento na crítica. Desse modo, a qualificação, quer de leitura, quer de crítica, é instrumento essencial para que se possa pensar o ensino da literatura. É claro, no entanto, que essa qualificação não é simples, e o que posso oferecer aqui são algumas reflexões e uns poucos exemplos extraídos da experiência com a própria literatura e com a reflexão sobre ela.

De qualquer maneira, sejam quais forem as suas limitações, creio que tais reflexões e exemplos poderão servir como elementos concretos para o início de uma meditação mais ampla acerca do ensino da literatura.

É pensando assim e com esse ânimo que começo chamando a atenção para o fato de que poucas épocas têm assistido a um debate tão cerrado a respeito do próprio estatuto do leitor e da leitura quanto a nossa, a ponto de se começar a falar, na década passada, numa corrente crítica com a denominação de *Reader-response criticism* (ver, por exemplo, o livro editado por Jane P. Tompkins, *Reader-response Criticism. From Formalism to Post-structuralism*. Baltimore-London, The Johns Hopkins University Press, 1980, em que são reunidos autores tão diferentes quanto Michael Riffaterre, Georges Poulet, Wolfgang Iser, Jonathan Culler, Norman H. Holland, David Bleich, Stanley Fish e outros). Não propriamente uma corrente crítica, mas, como observa a organizadora, "um termo que veio a ser associado com a obra de críticos que usam as expressões *leitor*, *o processo de leitura* e *resposta* para marcar uma área de investigação". Na verdade, uma derivação daquilo que, nos anos das duas décadas anteriores, se realizara sob a égide da chamada *Estética da Recepção*, em que sobressaíam Hans-Robert Jauss e Wolfgang Iser, e que tinham por antecessores quer a fenomenologia de Roman Ingarden, quer o estruturalismo tcheco de Jan Mukarovsky ou de seu sucessor Felix Vodicka. Isto no que se refere a verdadeiros movimentos de crítica literária, pois, se fôssemos arrolar o interesse pelo leitor ou pela leitura, para a compreensão crítica, em autores de anos anteriores, teríamos que recuar aos anos 50 e mencionar os nomes de um Gaëtan Picon, de *L'écrivain et son ombre* ou *L'usage de la lecture*, ou de um Arthur Nisin, de *La littérature et le lecteur*, ou mesmo, na área de língua espanhola, de um Alfonso Reyes, já nos anos 30 e 40, ou de um Pedro Salinas, sobretudo de *El defensor*, nos anos 50, ou mesmo, muito antes, nos anos 20, o nome do grande I. A. Richards, principalmente o de *Practical Criticism*. Ou até mesmo o nome do brasileiro Augusto Meyer, cujo ensaio "Do Leitor" foi publicado no livro *À Sombra da Estante*, de 1947.

Para a compreensão crítica: o leitor e a leitura não apenas como objetivos finais da obra (redundância a que toda sociologia da leitura paga o seu tributo), mas como instâncias de estruturação da própria obra, seja o "leitor implícito", de Booth-Iser, seja o "arquileitor", de Riffaterre-Genette, seja o "releitor" de intertextualidades de Kristeva-Barthes, enfim, não somente uma leitura crítica, fundada no instrumental filológico, na crítica histórica, na leitura imanente ou na análise estilística, mas uma crítica da leitura que decorre, em grande parte, da consciência *literária* da literatura.

Escrevendo sobre Kafka, em um de seus *Carnets*, Albert Camus soube apontar a função estruturante dessa consciência:

Toda a arte de Kafka consiste em obrigar o leitor a *reler*. Os desfechos de suas histórias – ou sua falta de desfecho

– sugerem certas explicações, mas estas nunca são claras o suficiente. Somos pois obrigados a reler suas histórias de um novo ângulo, um ângulo do qual estas explicações podem parecer melhor justificadas. Algumas vezes há uma dupla ou tríplice possibilidade de interpretação, daí a necessidade de duas ou três leituras. Porém se errará tentando interpretar em detalhe tudo em Kafka. Um símbolo sempre tem uma certa generalidade e o artista somente nos dá uma tosca tradução. Não há palavra-por-palavra ou plágio aqui. Somente o movimento é traduzido.

Este texto de Camus é utilizado, como epígrafe, no livro de Matei Calinescu, *Rereading* (New Haven-London, Yale University Press, 1993), de onde o citei. Livro que é, por si mesmo, uma demonstração inequívoca da importância que assumiu, para o debate crítico contemporâneo, a questão da leitura não apenas como decorrência dos desenvolvimentos teóricos mas por injunção da própria invenção literária. É, por isso, coerente que o livro de Calinescu se inicie com uma releitura do autor, Jorge Luís Borges, que mais tem solicitado da crítica uma reflexão sobre os mecanismos da leitura, dado o caráter alusivo e, por assim dizer, *lido* de seus textos escritos, chegando um de seus melhores críticos, Emir Rodriguez-Monegal, a falar de uma poética da leitura para a sua apreensão. O mesmo Borges, como qualquer um lembra, que está na primeira frase do livro de Michel Foucault, *Les mots et les choses*, de 1966: "Ce livre a son lieu de naissance dans un texte de Borges".

O livro de Foucault, portanto, começa por ser tanto uma leitura da taxonomia de animais encontrada por

Borges numa "certa enciclopédia chinesa", quanto pela leitura de *Las meninas*, de Velásquez, que estrutura o soberbo primeiro capítulo, "Les suivantes". Uma e outra leitura, quer do texto, quer do quadro, são ambas um só movimento em direção de uma arquileitura, ou arquilinguagem, que Foucault chama "arqueologia das ciências humanas". Leitura de leituras: escavações de linguagens.

Outros autores nossos contemporâneos poderiam ser juntados a uma hipotética relação de escritores que trabalham a leitura como elemento agenciador da própria invenção literária. É o caso de Nabokov, por exemplo, também utilizado como epígrafe por Calinescu num texto de extrema radicalidade: "Não se pode *ler* um livro; pode-se apenas relê-lo". Ou o caso, sobretudo, de Ítalo Calvino, não apenas o romancista de *Se um Viajante numa Noite de Inverno...*, mas ainda o ensaísta de "Para quem Escrevemos? ou a Hipotética Estante, Níveis de Realidade na Literatura" ou "Por que Ler os Clássicos?", ensaios incluídos, com vários outros, na antologia norte-americana, por ele mesmo preparada, intitulada *The Uses of Literature* (New York, Harcourt Brace Jovanovich, 1986).

Na verdade, quer no romance, quer nos ensaios mencionados, quer nas conferências póstumas enfeixadas sob o título de *Seis Propostas para o Próximo Milênio*, não há distância entre a criação literária e a invenção crítica: ambas são articuladas pela presença onívora do leitor que tudo transforma em alimento para a imaginação. Da mesma maneira que a consciência crítica da leitura é o fundamento indispensável para a invenção dos níveis ficcionais do romance mencionado (o leitor transformado em coisa lida), assim a disponibilidade para a ficção permite as passagens rápidas e as alusões iluminadoras que fazem dos ensaios citados peças para a releitura enriquecedora.

Deste modo, em todos os autores até aqui mencionados – Kafka, Borges, Nabokov, Calvino – a noção de leitura, tal como era concebida pela filologia clássica ou a *explication de texte* tradicional, sofre uma torção essencial: deixa de ser um movimento de decifração distanciado, objetivo, para converter-se em consciência incrustada nos níveis de composição dos textos. Pode parecer um paradoxo, mas é precisamente essa incrustação que permite a interação dinâmica entre texto e leitor. Como já observava Paul Valéry no ensaio "Poésie et pensée abstraite", de 1939:

> Um poeta – não se choquem com a minha proposição – não tem por função fazer sentir novamente o estado poético: isso é um assunto privado. Reconhece-se o poeta – ou, pelo menos, cada um reconhece o seu – pelo simples fato de que ele transforma o leitor em "inspirado". A inspiração é, positivamente falando, uma atribuição gratuita feita pelo leitor a seu poeta: o leitor nos oferece os méritos transcendentes das forças e das graças que se desenvolvem nele. Ele procura e encontra em nós a causa admirável de sua admiração.

Transformado pelo poeta, o leitor faz da experiência de leitura um processo de concretização daquilo que, no poema, era abstração da linguagem. Entre a experiência do poeta (que Valéry chama "estado poético"), que tende à abstração por força da linguagem que a realiza, e a experiência de leitura, que força a concretização, o leitor e o texto interagem entre sons e sentidos que se fazem e refazem de modo ininterrupto.

Eis exemplos recortados da própria obra de Paul Valéry. Refiro-me ao conjunto de três poemas, "La dormeuse", "Les pas" e "La ceinture", datados de 1920, 1921 e 1922, respectivamente, e pertencentes ao volume *Charmes*, de 1922.

Eis o primeiro texto, que faço seguir da tradução de Augusto de Campos:

La dormeuse

à Lucien Fabre

Quels secrets dans son coeur brûle ma jeune amie,
Âme par le doux masque aspirant une fleur?
De quels vains aliments sa naïve chaleur
Fait ce rayonnement d'une femme endormie?

Souffle, songes, silence, invincible accalmie,
Tu triomphes, ô paix plus puissante qu'un pleur,
Quand de ce plein sommeil l'onde grave et l'ampleur
Conspirent sur le sein d'une telle ennemie.

Dormeuse, amas doré d'ombres et d'abandons,
Ton repos redoutable est chargé de tels dons,
O biche avec langueur longue auprès d'une grappe,

Que malgré l'âme absente, occupée aux enfers,
Ta forme au ventre pur qu'un bras fluide drape,
Veille; ta forme veille, et mes yeux sont ouverts.

A Adormecida

A Lucien Fabre

Que segredo incandesces no peito, minha amiga,
Alma por doce máscara aspirando a flor?
De que alimentos vãos teu cândido calor
Gera essa irradiação: mulher adormecida?

Sopro, sonhos, silêncio, invencível quebranto,
Tu triunfas, ó paz mais potente que um pranto,
Quando de um pleno sono a onda grave e estendida
Conspira sobre o seio de tal inimiga.

Dorme, dourada soma: sombras e abandono.
De tais dons cumulou-se esse temível sono,
Corça languidamente longa além do laço,

Que embora a alma ausente, em luta nos desertos,
Tua forma ao ventre puro, que veste um fluido braço,
Vela. Tua forma vela, e meus olhos: abertos.

Este soneto, em versos alexandrinos e com rimas ABBA, ABBA, CCD, EDE, é bem um exemplo desse jogo incessante entre abstração e concretude referido anteriormente.

Iniciando-se por um quarteto inteiramente interrogativo, perguntas sem resposta a não ser pela própria presença da mulher adormecida, pelo soneto passa a espera intensificadora que está para além das circunstâncias pontuadas.

Assim ocorre com o segundo quarteto: o primeiro verso enumera aqueles elementos que, compondo a imagem da mulher adormecida, permitem a leitura, ao mesmo tempo, descritiva e narrativa da própria imagem. Sendo assim, o *tu* que inicia o segundo verso antes se dirige à imagem ("paix plus puissante qu'un pleur") do que à mulher. É "mais potente" porque mais abstrata e, por isso mesmo, capaz de escapar a uma leitura unilinear: o que se está lendo não é *uma* mulher adormecida mas a imagem do "sopro, sonhos, silêncio, invencível quebranto" que o poema instaura na visão da adormecida.

É precisamente esse jogo entre imobilidade aparente e o tumulto dos sentidos que a apreende que a linguagem do poema busca incentivar: entre o "plein sommeil" e "l'onde grave et l'ampleur", imobilidade e movimento, a adormecida, o corpo da adormecida, é o elemento tenso de inquietação que o poeta oferece como leitura concretizante ao leitor.

Por outro lado, a transformação da mulher em corça, como está no admirável último verso do primeiro terceto ("O biche avec langueur longue auprès d'une grappe"), acentua o processo de concretização: "amas doré d'ombres et d'abandons", a adormecida é pura sensualidade.

O segundo verso deste terceto já resumira os elementos dispersos pelas imagens anteriores: "Ton repos redoutable est chargé de tels dons". O leitor sabe e não sabe o que são "tais dons" e, desta maneira, entra no jogo de tensões do poema, intensificando a sua apreensão.

De qualquer modo, no último terceto, estabelece-se a relação essencial entre eles e a forma da adormecida, uma forma ausente da alma, "occupée aux enfers", mas cuja objetividade escultórica é dada no penúltimo verso: "Ta forme au ventre pur qu'un bras fluide drape". É, então, que o leitor desconfia de que aquilo que viera lendo é antes a apreensão de uma forma, sem a qual todas as tensões experimentadas não existiriam, e pode, assim, reler a primeira estrofe: "secrets" e "vains aliments" são agora preenchidos pelo inteiro movimento do poema e aquilo que poderia parecer questões retóricas ganha toda a sua materialidade pelo que se expressa no último verso: "ta forme veille, et mes yeux sont ouverts".

Nada mais abstrato que a leitura de uma forma, e, no entanto, transformada em matéria do poema, a ação do leitor opera a concretização que passa a ser, então, o próprio poema. Ou, em outras palavras, é a concretização do abstrato que é a matéria do poema.

Eis o segundo texto, que faço seguir da tradução de Guilherme de Almeida:

Les pas

Tes pas, enfants de mon silence,
Saintement, lentement placés,
Vers le lit de ma vigilance
Procèdent muets et glacés.

Personne pure, ombre divine,
Qu'ils sont doux, tes pas retenus!
Dieux!... tous les dons que je devine
Viennent à moi sur ces pieds nus!

Si, de tes lèvres avancées,
Tu prépares pour l'apaiser,
A l'habitant de mes pensées,
La nourriture d'un baiser,

Ne hâte pas cet acte tendre,
Douceur d'être et de n'être pas,
Car j'ai vécu de vous attendre,
Et mon coeur n'était que vos pas.

Os Passos

Filhos do meu silêncio amante,
Teus passos santos e pausados,
Para o meu leito vigilante
Caminham mudos e gelados.

Que bons que são, vulto divino,
Puro ser, teus passos contidos!
Deuses!... os bens do meu destino
Me vêm sobre esses pés despidos.

Se trazes, nos lábios risonhos,
Para saciar o seu desejo,
Ao habitante dos meus sonhos,
O alimento feliz de um beijo,

Retarda essa atitude terna,
Ser e não ser, dom com que faço
Da vida a tua espera eterna,
E do coração o teu passo.

Aqui, neste poema, o caso é diverso: a própria escritura, jogando de modo magistral com as hesitações entre som e sentido (como queria o Valéry de *Tel Quel*: "Le poème – cette hésitation prolongée entre le son et le sens"), opera a rasura da diferença entre concreto e abstrato.

Entre os sons surdos, na primeira estrofe, iconicizando a lentidão e a espera semânticas, e os sons agudos, na segunda, sinalizando a exaltação ansiosa do eu lírico, instaura-se um intervalo de sentidos que compete ao leitor preencher. Não entre concreto e abstrato, mas a partir da absorção da rede metafórica que se vincula aos passos desde o primeiro verso: "Tes pas, enfants de mon silence".

Entretanto, entre este "silence" e a "vigilance", do terceiro verso, é criada uma primeira tensão básica para a leitura posterior do poema, ainda mais acentuada pela indeterminação do primeiro verso da segunda estrofe: "Personne pure, ombre divine". De fato, nem mesmo a aproximação que está na terceira estrofe, cuja objetividade é matizada pela figura alegórica do desejo que se insinua no terceiro verso ("A l'habitant de mes pensées"), desfaz aquela indeterminação.

Pessoa ou vulto, portadora de um beijo tranqüilizador do desejo, ou do "alimento feliz de um beijo", na correta versão de Guilherme de Almeida, entre uma e outro, o leitor recolhe do poema aquilo que é, ou foi, linguagem da poesia, com a qual, de qualquer modo, o poeta dialoga. E quer continuar dialogando, como está dito na estrofe final.

Nesta, através de um admirável trabalho aliterativo, com um leve retorno aos sons surdos da primeira estrofe, já a partir do insuperável primeiro verso ("Ne hâte pas cet acte tendre"), soberbamente traduzido por Guilherme de Almeida, o poeta parece resolver a indeterminação pelo uso do paradoxo, sobretudo no segundo verso, em que a partícula francesa de negação pluraliza o objeto do poema: "Douceur d'être et de n'être pas".

Desse modo, é a linguagem da poesia, de que o poema é expressão particular, que instaura o intervalo da leitura possível. Ou, dizendo em outras palavras, é pelo poema, por entre as "hesitações" de sons e sentidos do poema, que o leitor encontra o caminho de volta para a linguagem da poesia.

Eis, finalmente, o terceiro e último texto, sem tradução para o português:

La ceinture

Quand le ciel couleur d'une joue
Laisse enfin les yeux le chérir
Et qu'au point doré de périr
Dans les roses le temps se joue,

Devant le muet de plaisir
Qu'enchaîne une telle peinture,
Danse une Ombre à libre ceinture
Que le soir est près de saisir.

Cette ceinture vagabonde
Fait dans le souffle aérien

Frémir le suprême lien
De mon silence avec ce monde...

Absent, présent... Je suis bien seul,
Et sombre, ô suave linceul.

Dos três textos escolhidos de Paul Valéry, este é, sem dúvida, aquele que mais distende as relações entre abstrato e concreto, tornando, por isso mesmo, mais diáfanas as significações, não obstante o peso sensual de uma cintura desnuda que dança na penumbra do entardecer.

Na verdade, toda a primeira estrofe, assim os dois primeiros versos da segunda, completam um ciclo temporal de linguagem que extrai suas imagens da tópica clássica, às vezes invertendo os termos tradicionais, como está, por exemplo, no verso "Dans les roses le temps se joue".

Mas o espectador do tempo sabe que está diante de uma pintura e, portanto, de um espaço, cujo movimento procura apreender com os últimos versos da segunda estrofe: "Danse une Ombre à libre ceinture / Que le soir est près de saisir".

É realmente notável como o aparecimento da sombra em movimento é, por assim dizer, assegurado pelos versos anteriores, ao mesmo tempo em que projeta o texto para diante, criando uma espécie de segundo movimento que se inicia precisamente com os dois últimos versos da segunda estrofe. E é um segundo movimento em que o básico parece ser o tratamento da experiência por que passa o eu lírico, até então, como está dito na estrofe anterior, "muet de plaisir".

De fato, é essa presença em movimento, "vagabonde", origem do poema, qual uma Sílfide, que faz a linguagem do poema buscar a linguagem da poesia, rompendo o silêncio do poeta.

Dessa maneira, a linguagem do poema passa a ser uma abstração da linguagem da poesia para que, nos intervalos, o leitor possa ler o concreto da experiência.

Como se pode ver, diametralmente contrário do que ocorria no poema anterior, "Les pas", e, em parte, no primeiro texto, "La dormeuse". O que reúne os três textos, no entanto, é a realização da poesia, a concretização do que Valéry chama "estado poético", como abstração da linguagem, muito de acordo com o que está no ensaio "Poésie et pensée abstraite", com que se iniciou a leitura desses três poemas.

De fato, não se trata de um uso abstrato da linguagem mas da criação de um espaço – o espaço poético – em que a reordenação dos valores da linguagem implica a criação de "uma linguagem dentro da linguagem", como diz o poeta; nem um uso prático, que termina pela compreensão da linguagem utilizada.

E, ao contrário [completa Valéry], tão logo essa forma sensível adquire, através de seu próprio efeito, uma importância tal que se imponha e se faça respeitar; e não apenas observar e respeitar, mas desejar e, portanto, retomar – então alguma coisa de novo se declara: estamos insensivelmente transformados e dispostos a viver, a respirar, a pensar de acordo com um regime e sob leis que não são mais de ordem prática – ou seja, nada do que se passar nesse estado estará resolvido, acabado, abolido por um ato bem determinado. Estamos no universo poético.

É precisamente essa caracterização que permite a Valéry fazer a afirmação seguinte, que aponta, sem dúvida, para a leitura do poema como contínua releitura: "O poema não morre por ter vivido: ele é feito expressamente para renascer de suas cinzas e vir a ser indefinidamente o que acabou de ser. A poesia reconhece-se por esta propriedade: ela tende a se fazer reproduzir em sua forma, ela nos excita a reconstituí-la identicamente".

Eis aí, portanto, alguns parâmetros de reflexão sobre a leitura da literatura: atento para os intervalos da composição, entre o concreto da experiência, que a enforma, e a abstração da linguagem, que, ao mesmo tempo, limita e amplia a expressão dela, o leitor interage vivamente com o texto na medida em que não apenas lê decifrando, mas desconstrói o cifrado pelo movimento de releitura.

Está claro que, neste sentido, a leitura termina por exigir do leitor não apenas a experiência do texto que está sendo lido (sobre o qual não se deve descartar todo o trabalho de *explication* essencial para a decifração), mas uma convivência com a própria linguagem da poesia para que se possa avaliar o trabalho realizado pelo autor do texto em pauta. Ou, para lembrar trecho iluminador de Northrop Frye, "Yeats and the language of Symbolism", contido em suas *Fables of Identity*: "Ao ler qualquer poema, devemos conhecer, ao menos, duas linguagens: a linguagem em que o poeta está escrevendo e a da própria poesia. A primeira está nas palavras utilizadas pelo poeta, a última nas imagens e idéias que estas palavras expressam".

Na verdade, este conhecimento da própria linguagem da poesia, a que se refere Frye, é um conhecimento também histórico, cultural, histórico-literário e, por isso, a leitura interagente da literatura, necessariamente intra e intertextual (a que Wolfgang Iser chama, em seus livros *Prospecting* e *The Fictive and the Imaginay*, "antropologia literária"), ao mesmo tempo em que obriga a repensar algumas modificações essenciais no paradigma crítico (dentre as quais, a mais importante, talvez, seja mesmo o retorno tautológico à leitura), impõe ao ensino da literatura uma necessidade interdisciplinar cada vez maior.

Ler na literatura o que é literatura, mas nos intervalos das relações com aquilo que não é (elementos sociais, históricos, psicológicos), inclusive a literatura e as artes como matérias para a literatura. Neste movimento, desaparecem distinções possíveis entre leitura, ensino e crítica da literatura. É o domínio do leitor de intervalos.

A Literatura como Conhecimento
Leituras e Releituras

Dentre as questões mais difíceis que cercam a teoria literária está aquela de indagar sobre a perenidade das obras literárias.

Por que relemos certas obras e por que estas obras sempre oferecem elementos novos à consideração? Obras como as de Dante, de Shakespeare ou Cervantes suportam há séculos leituras as mais diferentes e, no entanto, permanecem com núcleos de interesse inalterados, permitindo aos leitores acréscimos, modificações, um número cada vez maior de aproximações diferentes. Por isso mesmo, pode-se dizer que são as mesmas desde que foram escritas e publicadas e, todavia, são diversas: cada século teve o *seu* Dante, o *seu* Shakespeare, o *seu* Cervantes, sem que, entretanto, sejam autores inteiramente diferentes daqueles que foram lidos e apreciados por seus públicos imediatos.

De uma maneira geral, chamamos tais obras, isto é, obras que atravessam as épocas com a marca intensa da novidade, mas, ao mesmo tempo, intensamente marcadas pelas suas épocas de origem, *clássicas* não apenas para indicar suas posições com relação a outras obras que se seguiram e são delas decorrência ou com elas dialogam, mas ainda para estabelecer o grau de valor com referência à leitura ou à releitura que delas venha a ser feita. Neste sentido, a leitura de uma obra clássica é, quase sempre, uma releitura daquilo que significa a literatura para o presente em que se situa o leitor. Dizendo de outra maneira, o leitor lê o que está na obra e relê o que está entre aquela obra e toda a sua experiência de leitura anterior.

Por outro lado, é possível dizer que a leitura atual, envolvendo o presente situado do leitor mas instigando-o a renovar a sua experiência de leituras anteriores, é necessariamente uma descoberta, quer dizer, um modo único, ao menos no momento em que se realiza, de ajustar, para essa leitura específica, o discernimento crítico para a obra que se busca agora absorver e tudo o que significa aprendizado anterior advindo da experiência com a literatura.

Sendo assim, os movimentos de leitura e releitura de certas obras, daquelas que são identificadas por traços de perenidade, já por si supõem um modo de conhecimento que, com freqüência, é caracterizado como de erudição literária.

Na verdade, todo o fecundo trabalho da filologia ou da crítica textual, todo o enorme esforço dos historiadores literários no estabelecimento de datas, origens, filiações e influências, dando às obras os seus lugares nas diversas e numerosas literaturas nacionais, revelando as inúmeras marcas do tempo nos textos escritos através de variantes, acréscimos e correções, tudo isso, por certo, faz parte de um conhecimento necessário para que as leituras e releituras das obras possam, não apenas simplesmente serem realizadas, como ainda sirvam para testar mesmo a força de sua permanência por entre as vicissitudes da história e do tempo. Não é, entretanto, sobre esse tipo de conhecimento que quero fazer algumas reflexões.

O conhecimento de que quero tratar está, por um lado, articulado precisamente à questão com que comecei, quer dizer, saber se a perenidade atingida por certas obras é decorrência de uma especificidade de conhecimento por elas veiculado e, por outro lado, de que modo o problema se coloca nas relações de leituras e releituras que envolvem tais obras. Ou, dizendo de um modo mais direto: existe uma forma de conhecimento própria da obra literária que não se confunde com outras formas de conhecimento como aquelas das demais artes, ou da filosofia, ou das ciências, sejam as físico-matemáticas, sejam as naturais e biológicas? Ou, ainda mais simples: existe um conhecimento poético, se por poético for entendido uma forma de articulação de linguagem, uma espécie de "linguagem dentro da linguagem", como queria o poeta e crítico Paul Valéry?

Antes de mais nada, no entanto, é preciso fazer uma advertência: quando se fala em conhecimento "que não se confunde" não se quer apontar para a busca de um conhecimento autônomo, autotélico, puro, desvinculado de todas as demais formas de experimentar a realidade, através das quais são configurados os nossos diversos campos de conhecimento. Não, o que se propõe é pensar se existe um conhecimento veiculado pela obra poética que, dependendo da intensidade de sua formulação, possa conviver em pé de igualdade com as demais formas de conhecimento.

Por outro lado, é preciso também descartar, para início de conversa e para o nosso caso, os diversos usos possíveis que se têm feito do poético para acrescentar elementos de conhecimento em outras áreas, por onde se costuma falar de funções diversas do poético ou da literatura, indo desde a sua utilização como documento histórico até, por exemplo, o seu uso como registro biográfico para leituras psicanalíticas. Descartar tais usos ou funções atribuídos ao poético não significa, todavia, esvaziá-lo de possíveis representações sociais, históricas ou psicológicas, mas tão-somente não edificar ali a sua validade como forma de conhecimento. Mesmo porque é necessário, antes de tudo, compreender que o discurso poético, à diferença de outros tipos de discursos, é um discurso ficcional e que, portanto, a presença daquelas representações sempre ocorre transformada pela configuração ficcional do poético. O que significa afirmar que a validade do conhecimento veiculado pelo poético está antes no modo pelo qual se pôde articular os possíveis elementos de representação que na pura e simples presença ou ausência desses mesmos elementos.

Nada melhor para a compreensão do que acaba de ser dito que a leitura de algumas páginas de prosa ou poema em que, verdadeiramente, ocorra a intensificação, pelo poético, de um ou outro daqueles elementos. Comecemos por uma página muito conhecida de Machado de Assis. É o capítulo CXXIII de *Dom Casmurro*, intitulado "Olhos de Ressaca":

Enfim, chegou a hora da encomendação e da partida. Sancha quis despedir-se do marido, e o desespero daquele lance consternou a todos. Muitos homens choravam também, as mulheres todas. Só Capitu, amparando a viúva, parecia vencer-se a si mesma. Consolava a outra, queria arrancá-la dali. A confusão era geral. No meio dela, Capitu olhou alguns instantes para o cadáver tão fixa, tão apaixonadamente fixa, que não admira lhe saltassem algumas lágrimas poucas e caladas...

As minhas cessaram logo. Fiquei a ver as dela; Capitu enxugou-as depressa, olhando a furto para a gente que estava na sala. Redobrou de carícias para a amiga, e quis levá-la; mas o cadáver parece que a retinha também. Momento houve em que os olhos de Capitu fitaram o defunto, quais os da viúva, sem o pranto nem palavras desta, mas grandes e abertos, como a vaga do mar lá fora, como se quisesse tragar também o nadador da manhã.

Quando lemos este capítulo, de um livro que termina no capítulo CXLVIII, já estamos quase fechando o volume: são as páginas do desenlace que se iniciam com a morte por afogamento de Escobar, as desconfianças do narrador Bentinho, que, com a separação de Capitu e do filho, com o isolamento e as reflexões solitárias vai-se transformando no Casmurro que assume a autoria do livro. Entretanto, a imagem mais forte do capítulo, aquela que lhe dá o título, "olhos de ressaca", embora não explicitada no texto e fonte de toda a desconfiança do narrador ("Momento houve em que os olhos de Capitu fitaram o defunto, quais os da viúva, sem o pranto nem palavras desta, mas grandes e abertos, como a vaga do mar lá fora, como se quisesse tragar também o nadador da manhã"), é uma tradução, e tradução estrutural porque contextualizada, daquilo que está num dos capítulos iniciais do romance, o XXXII, também intitulado "Olhos de Ressaca". Trata-se do encontro entre o narrador e Capitu, ainda crianças, em que Bentinho vai encontrar a menina na sala dos pais, penteando os cabelos, e pede-lhe para ver os olhos. Eis o trecho:

Tinha-me lembrado a definição que José Dias dera deles, "olhos de cigana oblíqua e dissimulada". Eu não sabia o que era oblíqua, mas dissimulada sabia, e queria ver se se podiam chamar assim. Capitu deixou-se fitar e examinar. Só me perguntava o que era, se nunca os vira; eu nada achei extraordinário; a cor e a doçura eram minhas conhecidas. A demora da contemplação creio que lhe deu outra idéia do meu intento; imaginou que era um pretexto para mirá-los mais de perto, com os meus olhos longos, constantes, enfiados neles, e a isto atribuo que entrassem a ficar crescidos, crescidos e sombrios, com tal expressão que...

Retórica dos namorados, dá-me uma comparação exata e poética para dizer o que foram aqueles olhos de Capitu. Não me acode imagem capaz de dizer, sem quebra da dignidade do estilo, o que eles foram e me fizeram. Olhos de ressaca? Vá, de ressaca. É o que me dá idéia daquela feição nova. Traziam não sei que fluido misterioso e enérgico, uma força que arrastava para dentro, como a vaga que se retira da praia, nos dias de ressaca. Para não ser arrastado, agarrei-me às outras partes vizinhas, às orelhas, aos braços, aos cabelos espalhados pelos ombros; mas tão depressa buscava as pupilas, a onda que saía delas crescendo, cava e escura, ameaçando envolver-me, puxar-me e tragar-me.

Desse modo, toda a magistral intensidade narrativa do capítulo CXXIII, em que a psicologia das emoções e dos afetos encontra, para dizer com T. S. Eliot, o seu "correlato objetivo" na imagem marinha, tradutora da morte de Escobar, interiorizada na percepção dos olhos de Capitu, somente é possibilitada pela leitura do intervalo entre os dois capítulos lidos e relidos.

Sendo assim, aquilo que o último capítulo oferece ao leitor como conhecimento da psicologia do narrador é mais que um conteúdo psicológico: os procedimentos poéticos adotados pelo escritor, estabelecendo precisas relações de imagem e sábias escolhas vocabulares, que operam reverberações contínuas de significado, criam o espaço para a intensificação daquela função poética da linguagem, tal como definida por Roman Jakobson, quando, então, o que é significado narrativo torna-se inteiramente dependente da mais ampla articulação do texto.

Entre os olhos de Capitu e o cadáver de Escobar, a imagem marinha da ressaca é também força de atração capaz de tragar, "como a vaga do mar lá fora", a imaginação do leitor. Dadas as reverberações e as dependências instauradas no espaço do texto, o conhecimento apreendido pelo leitor é de ordem psicológica, mas é mais que isso. Como negar, por exemplo, o fato de que é por força da presença dos elementos marinhos contidos na imagem criada no capítulo XXXII, e depois traduzidos como metáfora no capítulo posterior, que o leitor, por assim dizer, conhece o ambiente, o meio carioca em que se passa o romance? Mais ainda: pela releitura, é possível perceber como o motivo da morte por afogamento, entrelaçado ao do ciúme que corrói o narrador, já estava insinuado na caracterização "de ressaca" dos olhos de Capitu, "oblíqua e dissimulada" nas artimanhas para fazer Bentinho escapar do seminário, do capítulo XXXII.

Por tudo isso, o que se quer dizer é que o conhecimento veiculado pelo texto machadiano, assim como ocorre em todos os textos que suportam a releitura e mesmo a exigem como condição fundamental de acréscimo, é dependente da própria organização do discurso ficcional que deve ser percebida e procurada pelo leitor para que ele possa absorver a especificidade daquele conhecimento. Não é um conhecimento progressivo ou por acumulação: a sua possibilidade está na leitura (que sempre exige a releitura) de uma região de intervalo situada entre os conteúdos de representação e sua efetivação poética, vale dizer, sua instauração como "linguagem dentro da linguagem".

Por isso, um crítico nosso contemporâneo, o inglês Frank Kermode, pôde chegar à conclusão de que "a sobrevivência do clássico deve depender de ele possuir um acréscimo (*surplus*) de significante". E ele acrescenta: "as in *King Lear* or *Wuthering Heights* this may expose them to the charge of confusion, for they must always signify more than is needed by any one interpreter or any one generation of interpreters". Ora, é precisamente a possibilidade dessa "charge of confusion" que responde pela perenidade da obra clássica, impondo-lhe releituras sucessivas, sempre incompletas. Releituras que, buscando absorver aquele *surplus* de significante referido por Kermode, terminam por ampliar o leque de significados que traduzem o conhecimento veiculado pela obra. Não é possível, todavia, chegar a estes sem haver passado por aquele: entre "encantamento e enigma", para usar os termos operacionais de Northrop Frye, em *Spiritus Mundi*, a relação termina por ser tão estreita, uma vez realizada a obra, que a resposta ao "enigma" que a obra propõe, cujo encontro parece ser responsável pelo "encantamento", não é sequer uma resposta. Ou, como diz o próprio Frye, o enigma da poesia não é o que solicita uma resposta fora do poema, mas o que, dentro, é o seu charme, mágica, encantamento. Pode-se afirmar, assim, que aquilo que é conhecimento veiculado pela obra literária só se dá pela passagem, às vezes penosa mas sempre compensadora, pelos caminhos da poética, quer dizer, pelos meios específicos de configuração ou reconfiguração lingüística dos elementos de representação que preenchem aquele conhecimento.

Nesse sentido, o crítico Peter Brooks, ecrevendo para a revista *Critical Inquiry*, em seu número da primavera de 1994, chamava a atenção para a necessidade de recuperar a poética como disciplina dos estudos literários e humanísticos, a fim de compensar aquilo que ele vê como hipertrofia da estética e da ideologia na leitura mais recente da literatura nos círculos universitários norte-americanos. Daí mesmo o título provocador do ensaio, "Aesthetics and Ideology: What Happened to Poetics?" Referindo-se aos estudantes de literatura, diz ele:

> O que é mais difícil para eles – e daí mais necessário – é diminuir o trabalho de interpretação, a tentativa de transformar o texto em *algum outro* discurso ou sistema, e considerá-lo como uma manifestação das convenções, restrições e possibilidades da literatura. [...] Os estudantes precisam, em seu trabalho sobre literatura, encontrar um momento de poética – um momento no qual eles sejam forçados a perguntar não somente *o que* o texto significa, mas também *como* ele significa, quais suas bases como sistema de signo proliferador de sentido e como nós, leitores, através da competência que adquirimos lendo outros textos, ativamos e desenvolvemos sistemas que nos permitem detectar ou criar significado, racionalizar e organizar significados em modos categóricos.

Já no fim do ensaio, Brooks fará a defesa completa de um retorno à poética, afirmando que "a poética, como o estudo dos sistemas de produção de significado, oferece a melhor abordagem inicial à estética, pois permite ao leitor, ao crítico ou estudante compreender antes de julgar e antes de fazer uma intervenção ideológica prematura". Sendo assim, é possível chegar ao que seja conhecimento genuíno veiculado pela literatura. Antes, Brooks mencionara a leitura de outros textos como fundamental para uma competência indispensável capaz de permitir o acesso à tradição e, portanto, a outras vozes com as quais o leitor dialoga. Agora, já na conclusão, é mais explícito:

[...] os professores de literatura – de humanidades em geral – não têm escolha senão trabalharem dentro de tradições herdadas desde que a noção de tradição é absolutamente central para qualquer trabalho humanístico e mesmo uma das características definidoras que coloca as humanidades à parte das ciências naturais e mesmo sociais. As humanidades são destinadas à preservação e transmissão de textos e artefatos do passado. A erudição universitária nas humanidades não pode se libertar da tradição sem se tornar autista. Ensinar humanidades significa fazer submergir a personalidade individual em algo mais amplo, em uma tradição cultural através da qual se fala e que se permite que fale através da própria pessoa. O humanista é sempre um pouco como o que Keats, em sua famosa definição de "capacidade negativa", chama "poeta camaleão". O "personagem poético", diz Keats, "não tem eu próprio – é tudo e nada. Não tem caráter... O que choca o filósofo virtuoso faz a delícia do poeta camaleão... Um poeta é a coisa mais apoética da existência; ele não tem identidade – está continuamente buscando – e ocupando algum outro Corpo".

Keats foi coerente: em seu túmulo erigido no velho Cemitério Protestante de Roma, onde morreu, fez inscrever na lápide simples as palavras "aqui jaz Alguém/Cujo Nome foi escrito/na Água". Não antes, no entanto, de escrever, em 1819, a admirável *Ode sobre uma Urna Grega*, em que o poeta, aos 23 anos, conversa com a tradição cultural em pleno romantismo inglês do Oitocentos, não apenas pela utilização de uma forma lírica de forte acentuação anacreôntica e horaciana, mas fazendo da arte, de sua arte, a poética, um modo de representar uma outra arte, neste caso a da estatuária narrativa grega, fazendo da imagem da poesia um veículo de conhecimento histórico. (Não posso deixar de lembrar aqui o livro magistral de Francis Haskell, *History and its Image. Art and the Interpretation of the Past*, New Haven, Yale University Press, 1993, em que a interpretação do passado, tarefa fundante da história, é pensada não apenas em termos de documentos escritos, como quase sempre acontece, mas ainda em termos das imagens impressas pela arte nos artefatos humanos.)

Engana-se, no entanto, quem buscar na *Ode* de Keats a exatidão do conhecimento histórico, ainda que seja a precisão com que o poeta soube fixar a paisagem grega de extrema delicadeza arcádica e as narrativas míticas ali envolvidas, pois, "camaleônico", como ele mesmo queria, o objeto histórico que ele viu e agora procura traduzir não é senão um *correlato objetivo*, segundo os termos de T. S. Eliot, com que opera a tradução, em linguagem de poema, daquela linguagem mais íntima dos sentimentos pessoais, emoções e pensamentos que, num momento, articularam a sua identidade estilhaçada em busca da sutura entre beleza e verdade, como dirá nos últimos versos célebres da *Ode*, cuja estrofe cito na tradução magistral de Augusto de Campos:

> Ática forma! Altivo porte! em tua trama
> Homens de mármore e mulheres emolduras
> Com galhos de floresta e palmilhada grama:
> Tu, forma silenciosa, a mente nos torturas
> Tal como a eternidade: Fria Pastoral!
> Quando a idade apagar toda a atual grandeza,
> Tu ficarás, em meio às dores dos demais,
> Amiga, a redizer o dístico imortal:
> "A beleza é a verdade, a verdade a beleza"
> — É tudo o que há para saber, e nada mais.

Os Intervalos de Eça de Queiroz

A leitura de um escritor como Eça de Queiroz (1845-1900) está sempre cercada de muitos perigos. Na verdade, é tão vasta a sua fortuna crítica, é tão divulgado o cânone de recepção de sua obra que toda leitura (excetuando, é claro, aquela de erudição textual que se vem fazendo para a edição crítica das obras) termina por parecer repetitiva.

Não há por onde fugir: sendo um clássico das literaturas em língua portuguesa, o seu destino, como acontece com os autores clássicos, é antes a releitura.

Deixando de lado o fato de que a releitura é pensada por alguns como traço identificador da própria operação crítica (é o caso, por exemplo, de Matei Calinescu, em seu livro intitulado precisamente *Rereading*), é possível dizer que a releitura se impõe, no caso dos autores clássicos, precisamente porque a admissão da releitura aponta para aquilo que, na obra, está presente, para sempre, enquanto articulação de linguagem e ficção, expressão e imaginário, e o próprio sistema de literatura que ela representa. Por isso, não é preciso ser um eciano contumaz para estar lendo Eça de Queiroz em obras que não são as dele: ser um clássico, para utilizar uma idéia de Italo Calvino, é fazer parte, mesmo *in absentia*, da circulação sangüínea de uma literatura.

Por outro lado, no entanto, aquela idéia de representatividade do sistema literário que parece caracterizar esse tipo de obra é, se hipertrofiada, um dos maiores perigos que ronda a leitura. Quer dizer: ler, nesta ou naquela obra, os conteúdos de representatividade sedimentados pela tradição de leitura do autor, esquecendo aquilo de que nos adverte Frank Kermode, em *The Classic*, isto é, de que "a sobrevivência do clássico deve depender de ele possuir um acréscimo [*surplus*] de significante". É este "excedente" que permite a continuidade de leituras, as interpretações diferentes e as ambigüidades que respondem pela perenidade da obra.

Por isso, representatividade não é sinônimo de simetria de representação. O "excedente de significante" trabalha no sentido de criar espaços assimétricos com relação ao tempo de realização da obra de tal maneira que somente em tempos posteriores podem ocorrer transformações que viabilizem a obra como representativa. A história literária está repleta de exemplos e basta lembrar os casos de Góngora, cujo barroco foi relido pelos poetas da geração espanhola a que pertenceu um Dámaso Alonso, ou de Stendhal, que, escrevendo para "os poucos felizes", teve de esperar mais de uma geração para ser devidamente apreciado, ou dos chamados "poetas metafísicos" da Inglaterra do século XVII, relidos por T. S. Eliot, ou os casos de um Rimbaud e de um Lautréamont, relidos pelos poetas surrealistas.

São todos exemplos de assimetrias entre representação e "excedente de significante", somente recuperáveis a partir de releituras que decididamente assumiram as assimetrias, sem buscar reduzi-las através de relações simétricas e apaziguadoras entre representatividade e conteúdos de representação. Ou, para dizer de outro modo: o que a história da recepção de tais autores terminou por mostrar foi exatamente que aquilo que exigia a releitura era antes uma inadequação entre forma e representação do que uma pacificadora representatividade.

Sendo assim, a leitura que se fará em seguida de Eça de Queiroz procura mostrar precisamente de que maneira os "excedentes de significante", somente plenamente percebidos pela releitura, importam para o redimensionamento do autor nos quadros da literatura a que pertenceu.

A obra é representativa por alterar o sistema com que se articula e não por ajustar-se a ele sem sobressaltos. Existem, está claro, graus de sobressaltos: o mais alto é aquele que faz com que se condene a obra a uma exclusão do sistema, e a mais usual razão para a rasura está em afirmar que a obra não responde a tais ou quais características que foram estabelecidas como definidoras do próprio sistema literário em suas articulações com o conjunto de traços de espaço e de tempo que configuram uma literatura.

É o caso, por exemplo, da defesa de um "caráter nacional", de definição sempre muito vaga e fundada em conteúdos de representação dessa ou daquela época, como elemento decisivo para a inclusão ou exclusão de tal ou qual autor no sistema literário. A inadequação, neste caso, dando como resultado a exclusão do sistema, é efeito de má tradução: como a obra não traduz os conteúdos de um, sempre vago, "caráter nacional", o seu "excedente de significante" é descartado como "excedente" e não incluído como elemento fundamental para a renovação posterior do sistema que somente a releitura poderá vir a viabilizar.

Lido sobretudo por seus conteúdos de representação (crítica social, pessimismo, sarcasmo, ironia etc.), ora exaltados como índices da representatividade do escritor, ora como motivos para uma exclusão "nacionalista" e até mesmo "patriótica", tudo dependendo das pressões ideológicas dos leitores, Eça de Queiroz é bem um exemplo do movimento de inclusão e exclusão do sistema literário, alimentado pelo jogo entre adequação e inadequação ao chamado "caráter nacional". (Uma excelente amostra desse tipo de alternância pode o leitor ter pela leitura de três volumes publicados quando do centenário do escritor, em 1945: *Eça de Queiroz "In Memoriam"*, por Eloy do Amaral e M. Cardoso Martha, *Eça de Queiroz visto pelos seus contemporâneos*, de José Trêpa, e *Livro do Centenário de Eça de Queiroz*, editado por Lúcia Miguel Pereira e Câmara Reys.)

Relido, entretanto, quando já se aproxima o centenário de sua morte, é possível dizer que o que perdura é antes a tensão entre aquelas leituras alternativas, e que já encontrava expressão em alguns raros ensaios incluídos no volume organizado por Lúcia Miguel Pereira, bastando citar o de Antonio Candido, "Eça de Queiroz entre o Campo e a Cidade", que uma hipotética representatividade do escritor.

Entre adequação e inadequação, está o intervalo de tensões e invenções literárias que é a obra de Eça de Queiroz. Examinemos algumas de suas manifestações pela releitura do romance *Os Maias*, de 1888 (Porto, Livraria Internacional de Ernesto Chardron, Casa Editora Lugan & Genelioux, Sucessores), trazendo o subtítulo de *Episódios da Vida Romântica* e em dois volumes, sendo o primeiro organizado em dez capítulos (na primeira edição, que estou utilizando, há uma repetição de numeração no Capítulo VII), compreendendo 458 páginas, e o segundo em oito capítulos (na mesma edição, passa-se do Capítulo IV para o VII, seguindo-se a numeração até o X no lugar do VIII), de 532 páginas.

Estas observações de edição não são casuais: com exceção dos números de páginas, todas as outras informações terminam por ser importantes para a compreensão da própria estrutura do romance.

Assim, por exemplo, o subtítulo acentua, desde logo, uma linha substancial do romance que é a **crítica da literatura e de certos aspectos da ideologia romântica**; por outro lado, a divisão em dois volumes corresponde, como se há de observar mais detidamente, ao próprio movimento temático da obra; e, finalmente, o número de capítulos de cada volume é, de certa forma, uma indicação da maior concentração retrospectiva do primeiro volume, como se vai ver.

Comece-se, deste modo, dizendo que, desde o seu início, a narrativa se propõe como uma volta e uma preparação para ela: é a volta de Carlos Eduardo da Maia de seus estudos de medicina em Coimbra, entrecortados por vilegiaturas demoradas em Paris e Londres, e é a preparação dessa volta pela recuperação da casa do Bairro das Janelas Verdes, o Ramalhete, por iniciativa do outro único membro da família, o avô de Carlos, o patriarca Afonso da Maia. Entre esta volta inicial e deflagradora da narrativa e a outra com que se encerra o romance, e que sucede à longa viagem de, por assim dizer, recuperação de Carlos e João da Ega por quatro continentes, e que é a matéria das reflexões que ocupam o último capítulo, decorrem precisos doze anos, da instalação do avô e do neto no Ramalhete, em 1875, até a visita nostálgica dos dois amigos à mesma casa, em 1887. Se a primeira data está nas primeiras linhas do romance ("A casa que os Maias vieram habitar em Lisboa, no outono de 1875, era conhecida na vizinhança da rua de S. Francisco de Paula, e em todo o bairro das Janelas Verdes, pela *casa do Ramalhete* ou simplesmente o *Ramalhete*"), a segunda ocorre no seguinte trecho do último capítulo: "E numa luminosa e macia manhã de janeiro de 1887, os dois amigos enfim juntos almoçavam num salão do *Hotel Bragança*, com as duas janelas abertas para o rio".

Antes daquela primeira data com que a narrativa parece iniciar-se, entretanto, há uma longa interrupção, consumindo três capítulos e meio centrados nas origens da família, na tragédia das relações entre Pedro da Maia e Maria Monforte, pais de Carlos, a fuga da mãe para a Europa com o amante italiano, o suicídio do pai, a adoção do menino Carlos pelo avô e sua educação. Na verdade, o início só se dá em meio do capítulo IV: "E então Carlos Eduardo partira para a sua longa viagem pela Europa. Um ano passou. Chegara esse outono de 1875: e o avô instalado enfim no Ramalhete esperava por ele ansiosamente".

Aquele falso início serve ainda para que se esboce quer uma espécie de localização topográfica dos Maias, em que, a partir da reconstrução do Ramalhete, são incluídos na narrativa o palacete de Benfica, a propriedade Tojeira, a casa de Arroios e a quinta de Santa Olávia, quer uma genealogia familiar toda ela marcada por uma sucessão de heranças, seja do pai de Afonso, Caetano da Maia, seja da mãe, Maria Eduarda Runa, "filha do conde de Runa", ou mesmo a mais recente "de um último parente, Sebastião da Maia, que desde 1830 vivia em Nápoles, só, ocupando-se de numismática". Topografia e genealogia, metáforas narrativas para riqueza e sólida condição social, convergem para a configuração física e moral de Afonso da Maia, temperadas pelo conforto da nobreza rural e pelos desastres familiares da alta burguesia urbana.

Entre uma e outra, no entanto, não há apenas linearidade: em seus anos de formação, e em perfeita oposição ao ideário do pai, um conservador monárquico "que dera [...] o seu amor ao sr. infante D. Miguel, Messias forte e Restaurador providencial", Afonso da Maia fora um jacobino, embora "o furor revolucionário do pobre moço consistira em ler Rousseau, Volney, Helvetius, e a *Enciclopédia*; em atirar foguetes de lágrimas à Constituição; e ir de chapéu à liberal e alta gravata azul, recitando pelas lojas maçônicas Odes abomináveis ao Supremo Arquiteto do Universo".

Não obstante o discurso de atenuação do narrador, é por força das idéias jacobinas do filho que a separação entre Caetano e Afonso, de fato, ocorre, com o breve exílio do filho em Santa Olávia, embora tudo entre nos eixos com o seu retorno e a partida, paga pelo pai, para a Inglaterra.

Eram, todavia, idéias passageiras: tão passageiras quanto o furor das leituras, as lágrimas constitucionais, o liberalismo de chapéu e gravata ou a poesia de exaltação retórica. O que não é passageira é a sua transformação em contato com o luxo e as regalias da sociedade inglesa ("Durante os dias da *Abrilada* estava ele nas corridas de Epson, no alto de uma sege de posta, com um grande nariz postiço, dando *hurrahs* medonhos – bem indiferente aos seus irmãos de Maçonaria, que a essas horas o sr. infante espicaçava a chuço, pelas vielas do Bairro Alto, no seu rijo cavalo de Alter"), ou a morte do pai, o retorno a Lisboa e o casamento na alta burguesia fidalga e endinheirada.

Estava completa a sua educação, a que o trato com a literatura inglesa e os ideais de liberalismo romântico, que determinam a volta de Afonso da Maia, já com mulher e filho, para um tranqüilo e confortável auto-exílio na Inglaterra, não fazem mais do que completar e aperfeiçoar, dedicando-se, então, a preparar a sua descendência nas preocupações com o filho Pedro e os arranjos para habitar o palacete de Benfica.

Mas entre a educação de Afonso da Maia e a do filho, que se desenrola por meio de idéias liberais à inglesa do pai e o clericalismo peninsular e quase histérico da mãe, passa a primeira grande tensão da narrativa, qual seja, o conflito entre o ideário neoclássico da formação de Afonso e sua passagem, por assim dizer *suave*, para o quadro das inspirações românticas e a resistência conservadora, de fundo religioso, da velha classe fidalga portuguesa representada pela mãe Runa. É este conflito, moldando o caráter de Pedro, melhor ainda, dilacerando-o, que serve de base à primeira grande tensão da narrativa: a passagem de um neoclassicismo de comportamento, com tênues laivos de liberalismo romântico, encarnando-se em Afonso da Maia, para um ultra-romantismo exasperado de que Pedro da Maia se torna um símbolo.

Na verdade, toda a sua trajetória de vida, sobretudo a paixão por Maria Monforte e os lances dela decorrentes, traduz a linguagem ultra-romântica em antagonismo com outras linguagens, seja a das circunstâncias sociais, seja a da família, representada por Afonso da Maia e a segurança do palacete de Benfica ou a tranqüilidade arcádica, pastoral, da quinta de Santa Olávia. Este antagonismo, por exemplo, é magistralmente expresso pelo narrador ao antecipar, numa meditação de Afonso, a morte por suicídio de Pedro. Refiro-me ao trecho em que, preocupado com as crises de melancolia do filho, Afonso da Maia insinua um traço genético que, para o leitor, seria uma explicação antecipada, e de forte traço naturalista, para a morte de Pedro. É o seguinte:

> E havia agora uma idéia que, a seu pesar, às vezes o torturava: descobrira a grande parecença de Pedro com um avô de sua mulher, um Runa, de quem existia um retrato em Benfica: este homem extraordinário, com que na casa se metia medo às crianças, enlouquecera – e julgando-se Judas enforcara-se numa figueira...

Sendo assim, ao mesmo tempo em que desloca coerentemente para o lado Runa de Pedro os possíveis motivos de seu gesto tresloucado, e coerente em função dos resíduos histéricos herdados da mãe, o narrador introduz uma cunha de linguagem naturalista que confronta com a ultra-romântica do próprio gesto.

Mas, talvez, quem melhor represente esta tensão de linguagens no romance por inteiro, tensão que, em seu caso, chega aos paroxismos da própria questão da identidade, é o poeta Tomás de Alencar. E, por isso, não é certamente por acaso, senão em razão de uma profunda coerência narrativa, que a primeira vez em que a personagem aparece no romance é precisamente para esclarecer Pedro da Maia acerca da identidade de Maria Monforte, quando da primeira visão deslumbrada desta por aquele. Leia-se o trecho em que, depois do registro das primeiras impressões de Pedro, surge o poeta:

> Sob as rosinhas que ornavam o seu chapéu preto os cabelos louros, de um ouro fulvo, ondeavam de leve sobre a testa curta e clássica: os olhos maravilhosos iluminavam-na toda; a friagem fazia-lhe mais pálida a carnação de mármore: e com o seu perfil grave de estátua, o modelado nobre dos ombros e dos braços que o xale cingia – pareceu a Pedro nesse instante alguma coisa de imortal e superior à terra.
> Não a conhecia. Mas um rapaz alto, macilento, de bigodes negros, vestido de negro, que fumava encostado à outra ombreira, numa *pose* de tédio – vendo o violento interesse de Pedro, o olhar aceso e perturbado com que seguia a caleche trotando Chiado acima, veio tomar-lhe o braço, murmurou-lhe junto à face na sua voz grossa e lenta:
> – Queres que te diga o nome, meu Pedro? O nome, as origens, as datas e os feitos principais? E pagas ao teu amigo Alencar, ao teu sequioso Alencar, uma garrafa de Champagne?
> Veio o Champagne. E o Alencar, depois de passar os dedos magros pelos anéis da cabeleira e pelas pontas do bigode, começou todo recostado e dando um puxão aos punhos:
> – Por uma dourada tarde de outono...

Vê-se assim não só como as impressões primeiras de Pedro na visão da Monforte são registros exagerados da sensibilidade, traduzidos pelo poeta na maneira pela qual interpreta a admiração do outro ("violento interesse", "olhar aceso e perturbado"), que em tudo corresponde aos termos finais da descrição de Pedro ("alguma coisa de imortal e superior à terra"), como é fundamental o modo de apresentação de Alencar, desde o modo de vestir ou de se posicionar ("numa *pose* de tédio") até os gestos recitativos com que começa a sua narração e os próprios termos desta, paródia eficaz dos inícios de narrativa ultra-romântica em que a estação do ano enfatiza e dilui a cor da tarde. É como se aqui também, sobretudo por se tratar do primeiro momento de deslumbrada percepção de Maria Monforte, fosse antecipada toda aquela linguagem de lances dramáticos que expressa as relações futuras entre os dois amantes.

Articulando-se este modo de antecipação narrativa àquele outro que já se percebeu no trecho em que Afonso da Maia medita sobre a semelhança física entre Pedro e um seu antepassado Runa, convergindo, para o leitor, mais ainda para o releitor, no destino suicida de ambos, em que está em causa um elemento genético de feição naturalista, tem-se um dos traços mais marcantes da técnica narrativa utilizada no romance. E esta se resume em que não se trata de antecipações traduzidas, ou traduzíveis, apenas em termos de conteúdos, o que significaria uma linearidade de leitura, mas implica a própria construção do texto, a retórica de suas imagens, os deslocamentos de sentido, a ênfase numa ou outra expressão, que somente a releitura é capaz de apreender.

Para dizer em outros termos, entre a linguagem e os conteúdos de representação, criam-se intervalos de leitura que são homólogos às próprias antecipações de conteúdo narrativo e, portanto, criadores do espaço e do tempo da releitura.

Num primeiro momento, aquele que corresponde à leitura cursiva do romance, certos trechos guardam, mas não entregam, significados para além de seus contextos imediatos através de invenções que somente o jogo com os significantes, uma vez partilhado pelo leitor, pode surpreender. Mas, para que exista e se efetue a partilha, é preciso que, já senhor dos dados do jogo, o leitor seja agora um releitor.

Esse processo de construção, que, a meu ver, é central para a apreciação plena não apenas do romance como, sobretudo, da magistral mestria inventiva do autor, encontra o seu momento de maior aproveitamento precisamente nesse trecho da obra que corresponde ao corte temporal e que conduz o leitor para antes de 1875, quer dizer, para aqueles acontecimentos em que se dão as projeções da narrativa futura.

Creio ter sido Roland Barthes quem, em estudo teórico sobre a narrativa, chamou de *catálise* procedimentos semelhantes a esses que venho acentuando, embora restringindo a análise a uma espécie de parênteses de significados e, no entanto, oferecendo pistas valiosas para a sua maior abrangência. Sendo assim, para usar os termos de Barthes, há, por certo, um efeito catalisador que vai sendo operado pela narrativa, cuja percepção somente ocorre pela releitura.

Um exemplo notável do procedimento, ainda dentro deste bloco da narrativa que examinamos, é a primeira vez em que Afonso da Maia vê Maria Monforte. Embora longo, vale a pena a sua transcrição integral.

Daí a dias, Afonso da Maia viu enfim Maria Monforte. Tinha jantado na quinta do Sequeira ao pé de Queluz, e tomavam ambos o seu café no mirante, quando entrou pelo caminho estreito que seguia o muro a caleche azul com os cavalos cobertos de redes. Maria, abrigada sob uma sombrinha escarlate, trazia um vestido cor-de-rosa cuja roda, toda em folhos, quase cobria os joelhos de Pedro sentado ao seu lado: as fitas do seu chapéu, apertadas num grande laço que lhe enchia o peito, eram também cor-de-rosa; e a sua face, grave e pura como um mármore grego, aparecia realmente adorável, iluminada pelos olhos de um azul sombrio, entre aqueles tons rosados.

No assento defronte, quase todo tomado por cartões de modista, encolhia-se o Monforte, de grande chapéu panamá, calça de ganga, o mantelete da filha no braço, o guarda-sol entre os joelhos. Iam calados, não viram o mirante; e, no caminho verde e fresco, a caleche passou com balanços lentos, sob os ramos que roçavam a sombrinha de Maria.

O Sequeira ficara com a chávena de café junto aos lábios, de olho esgazeado, murmurando:

– Caramba! É bonita!

Afonso não respondeu: olhava cabisbaixo aquela sombrinha escarlate, que agora se inclinava sobre Pedro, quase o escondia, parecia envolvê-lo todo – como uma larga mancha de sangue alastrando a caleche sob o verde triste das ramas.

É um acessório feminino, mas a percepção da cor da sombrinha de Maria Monforte transforma-a em signo anunciador: a imagem da "larga mancha de sangue" invade não somente a caleche mas o texto, estabelecendo aquela relação, já não arbitrária em termos saussurianos, mas necessária, entre significantes e significados, dando eficácia à linguagem em plena realização de sua função poética, em termos jakobsonianos.

Mais ainda: a intensidade da imagem lograda, fundada na relação entre o escarlate da sombrinha e o sangue que está na percepção antecipadora de Afonso, é resultado, sobretudo, da construção do sistema de cores em que se funda o texto.

A caleche é azul, assim como de um azul sombrio são os olhos da Monforte; verdes são o caminho e os ramos das árvores; cor-de-rosa são o vestido e as fitas do chapéu; marmórea é a face de Maria.

A predominância dos tons rosados, que envolve a personagem a partir de sua indumentária, faz explodir, por contraste, a cor mais violenta da sombrinha e, por aí, abre a possibilidade da imagem antecipadora do sangue na imaginação de Afonso.

Por outro lado, no entanto, é claro que o que é fundamental na invenção narrativa do autor, isto é, a instauração de segmentos retrospectivos que só se entregam ao leitor pela releitura, obriga à dupla leitura da imagem: no primeiro nível, os seus significantes (as cores) traduzem significados visuais, mas, no segundo, aquele da releitura, estes passam a ser os significantes de significados narrativos que traduzem o signo anunciador, proposto pela imagem visionária do sangue, percebido na violência escarlate da sombrinha.

De certa forma, portanto, a leitura mais plena da imagem, e da cena da visão que tem Afonso de Maria Monforte como um todo, exige a releitura não apenas como modo de efetuar possíveis decifrações, mas como peça central para o melhor conhecimento de alguns aspectos da própria estrutura narrativa, vale dizer, dos mecanismos de composição daqueles momentos de grande intensidade antecipatória que, em função da enorme mestria da escrita do autor, faz a representação de conteúdos narrativos depender estreitamente da poeticidade no uso da linguagem do romance. E, talvez mais importante, torna obrigatória a releitura do texto a partir mesmo daquela dependência. O que significa dizer que, por incluir tais procedimentos como convergentes nos dois planos de articulação da leitura referidos, o romance arma o seu próprio esquema de obra clássica – aquela cuja multiplicidade de leituras aponta para a perenidade.

Não se pense, todavia, que este processo de composição se esgota nas páginas retrospectivas dos três primeiros capítulos e meio do romance. Ao contrário disso, a volta de Carlos e a instalação no Ramalhete, em 1875, que, como já se observou, é o início, de fato, da matéria narrativa, ao mesmo tempo em que passa a incluir personagens e situações que embaralham as cartas do romance, faz que Carlos da Maia assuma a centralidade da voz narrativa, em substituição ao avô e, tangencialmente, ao pai, trazendo para o espaço do romance outras indagações e perplexidades forjadas quer por sua experiência no presente, quer por sua recôndita memória de acontecimentos passados – matéria das reflexões de Afonso da Maia.

Desse modo, num primeiro nível, ostensivo, os capítulos desse primeiro volume são preenchidos, sobretudo, pelo reaparecimento de João da Ega (cuja primeira entrada no romance ocorre nos tempos de estudante em Coimbra, precisamente na nomeação da casa comprada por Afonso para Carlos: "Um amigo de Carlos (um certo João da Ega) pôs-lhe o nome de 'Paços de Celas', por causa de luxos então raros na Academia, um tapete na sala, poltronas de marroquim, panóplias de armas, e um escudeiro de libré"), os preparativos e a instalação do consultório médico de Carlos no Rocio, o início de participação na narrativa dos numerosos amigos e comensais tanto do avô quanto do neto, dentre outros, D. Diogo, o general Sequeira, o procurador Vilaça, o poeta Alencar, o músico Cruges, o inglês Craft, o diplomata finlandês conde Steinbroken, o marquês de Souzelas, o banqueiro Cohen e a mulher, Raquel, o conde e a condessa de Gouvarinho, o Dámaso Salcede, o Eusébio, o casal Castro Gomes, alguns criados e até mesmo o gato de Afonso da Maia, o Reverendo Bonifácio. (Diga-se que todos estes personagens, com alguma continuidade na narrativa, permanecem sempre os mesmos, uma espécie de *flat characters*, para dizer com E. M. Forster, com exceção de três: Carlos Eduardo, João da Ega e o poeta Tomás de Alencar.) Ainda nesse mesmo nível situam-se, pelo menos, quatro acontecimentos sociais de importância no entrecho do romance: o jantar oferecido por João da

Ega no Hotel Central, a festa à fantasia organizada pelo mesmo na casa dos Cohen (e desastrosa para o organizador, fantasiado de Mefistófeles), a ida à Sintra de Carlos e Gruges, e a tarde no hipódromo na festa do prêmio nacional das corridas.

São fidalgos, capitalistas, arrivistas e pilantras que preenchem a verdadeira pequena corte formada em torno do Ramalhete, com eventuais vilegiaturas na quinta de Santa Olávia ou nos hotéis confortáveis de Sintra. E a fábula (para usar a terminologia dos formalistas russos, sobretudo B. Tomachévski) é consumida pelos casos amorosos, de paixões tão violentas quanto passageiras, como as que envolvem João da Ega e Raquel Cohen ou Carlos da Maia e a condessa de Gouvarinho, ou mesmo as fantasiosas e exibicionistas de Dámaso Salcede e as vulgares e baixas de um Eusebiozinho. Mas existem pequenas fábulas que servem para intensificar a percepção da trama: é o caso do mistério que ronda quer a origem, quer as relações do casal Castro Gomes, ou aquela expressa pelo Guimarães, tio do Dámaso, e que inclui as suas memórias parisienses, de conseqüências arrasadoras para o próprio tema do romance. Mas essas seqüências narrativas surgirão mais tarde.

Aqui, neste primeiro volume, tudo não é senão preparação e espera e, por isso mesmo, ele é contaminado por um sentido de exterioridade, indiciado por jantares, reuniões em torno da mesa de jogo, saídas furtivas para encontros amorosos, quer em locais expressamente reservados para tais, como a Vila Balzac de João da Ega (cuja utilização inclui até relações menos ortodoxas, como as homossexuais, conforme é insinuado no trecho em que o amante da mãe do pajem que atendia à casa ameaça denunciar atos obscenos ocorridos na Vila: "Era um polícia, um esteio da ordem: e deu a entender que lhe seria fácil provar como na Vila Balzac se passavam 'coisas contra a natureza' e que o pajem não era só para servir à mesa..."), quer a casa de uma parente pobre, como a Titi da condessa de Gouvarinho, para encontros com Carlos Eduardo, quer em locais de, por assim dizer, tradição na literatura realista, como é o caso das relações amorosas de Carlos e a Gouvarinho no interior de um *coupé* de praça, cuja imitação de cena semelhante em *Madame Bovary* fica clara para qualquer leitor de Flaubert.

Esse sentido de exterioridade é também o da futilidade das conversas, em que, sobre os assuntos mais sérios da política, da vida social ou da literatura, são elaborados os pensamentos mais redundantes, lugares-comuns expressos numa retórica vazia e ornamental, em que se destaca, por exemplo, o conde de Gouvarinho, este Acácio de maior ambição política e de mulher bela e infiel.

Mas existe uma nota grave por entre toda esta superficialidade que, neste primeiro volume, tem ainda uma feição antecipadora, sobretudo em relação àquelas seqüências narrativas que serão nucleares no segundo volume. Refiro-me aos momentos de reflexão de Carlos Eduardo da Maia, sobretudo os auto-reflexivos, que preparam os seus encontros com Maria Eduarda.

É o caso, por exemplo, das melancólicas meditações desenvolvidas por ele em conversa com João da Ega na Vila Balzac, quando passa em revista a superficialidade de suas relações com as mulheres, a partir da mais recente com a condessa de Gouvarinho sobre a qual o amigo resumira os encantos, afirmando: "– E, como corpinho de mulher, não há melhor que aquilo de Badajoz para cá!"

Leiam-se as reflexões do Maia:

Carlos no entanto, fumando preguiçosamente, continuava a falar na Gouvarinho e nessa brusca saciedade que o invadira, mal trocara com ela três palavras numa sala. E não era a primeira vez que tinha destes falsos arranques de desejo, vindo quase com as formas do amor, ameaçando absorver, pelo menos por algum tempo, todo o seu ser, e resolvendo-se em tédio, em "seca". Eram como os fogachos de pólvora sobre uma pedra; uma fagulha ateia-os, num momento tornam-se chama veemente que parece que vai consumir o Universo, e por fim fazem apenas um rastro negro que suja a pedra. Seria o seu um desses corações de fraco, moles e flácidos, que não podem conservar um sentimento, o deixam fugir, escoar-se pelas malhas lassas do tecido reles?

A essas reflexões de Carlos, a resposta de João da Ega, embora repleta de um cinismo letrado e próprio do "Mefistófeles de Celorico", como o chama Carlos, possui uma tensão premonitória que, para ser sentida, precisa, mais uma vez, da releitura. Diz o Ega:

– Tu és extraordinário, menino!... Mas o teu caso é simples, é o caso de D. Juan. D. Juan também tinha essas alternações de chama e cinza. Andava à busca do seu ideal, da *sua mulher*, procurando-a, principalmente, como de justiça, entre as mulheres dos outros. E, *après avoir couché*, declarava que se tinha enganado, que não era aquela. Pedia desculpa e retirava-se. Em Espanha experimentou assim mil e três. Tu és simplesmente, como ele, um devasso; e hás de vir a acabar desgraçadamente como ele, numa tragédia infernal!

E, completando, em seguida:

— Carlinhos de minha alma, é inútil que ninguém ande à busca da sua *mulher*. Ela virá. Cada um tem a sua *mulher*, e necessariamente tem de a encontrar. Tu estás aqui, na Cruz dos Quatro Caminhos, ela está talvez em Pequim: mas tu aí a raspar o meu repes com o verniz dos sapatos, e ela a orar no templo de Confúcio, estais ambos insensivelmente, irresistivelmente, fatalmente, marchando um para o outro!...

Esta marcha insensível, irresistível e fatal é também a do romance, apreendida aqui, em lance metalingüístico, na fala de João da Ega, pois, a partir da cena em que Carlos Eduardo vê, pela primeira vez, Maria Eduarda, no capítulo sexto, o movimento da narrativa vai ser o de aproximação entre os dois personagens, embora, através de uma série de retardamentos neste primeiro volume, o encontro não ocorra senão no volume seguinte.

Por outro lado, é de ver que o trecho em que se dá a primeira visão de Maria Eduarda por Carlos — e não é casual que seja uma *visão* e não um conhecimento de fato, assim como não fora casual a *visão* que teve Afonso da Maia da Maria Monforte – situa-se entre dois segmentos narrativos decisivos para o romance: o presente do requintado jantar oferecido aos amigos por João da Ega no Hotel Central, onde, sobretudo, se expõe a diferença de discursos, não apenas literários mas de comportamentos, entre João da Ega e o poeta Tomás de Alencar, e o passado da história pessoal de Carlos, envolvendo as causas do suicídio de Pedro da Maia e o papel fundamental exercido pelo comportamento da mãe em sua fuga apaixonada com o italiano. O texto do primeiro encontro, a distância, com Maria Eduarda é o seguinte:

> Entravam então no peristilo do Hotel Central – e nesse momento um *coupé* da Companhia, chegando a largo trote do lado da rua do Arsenal, veio estacar à porta.
> Um esplêndido preto, já grisalho, de casaca e calção, correu logo à portinhola; de dentro um rapaz muito magro, de barba muito negra, passou-lhe para os braços uma deliciosa cadelinha escocesa, de pêlos esguedelhados, finos como seda e cor-de-prata; depois apeando-se, indolente e *poseur*, ofereceu a mão a uma senhora alta, loura, com um meio véu muito apertado e muito escuro que realçava o esplendor da sua carnação ebúrnea. Craft e Carlos afastaram-se, ela passou diante deles, com um passo soberano de deusa, maravilhosamente bem feita, deixando atrás de si como uma claridade, um reflexo de cabelos de ouro, e um aroma no ar. Trazia um casaco colante de veludo branco de Gênova, e um momento sobre as lajes do peristilo brilhou o verniz de suas botinas. O rapaz ao lado, esticado num fato de xadrezinho

inglês, abria negligentemente um telegrama; o preto seguia com a cadelinha nos braços.

Em seguida, num ambiente de descontração e relaxamento dos convivas que se preparam para o jantar, e depois de uma observação do Craft sobre o casal que vinham de ver, Carlos é informado pelo Dámaso Salcede, que acabara de lhe ser apresentado pelo Ega, de que se tratava do casal Castro Gomes e que ele descreve em seus termos exaltados de prazer pelo luxo: "Gente muito chique: criado de quarto, governanta inglesa para a filhita, *femme de chambre*, mais de vinte malas... Chique a valer! Parece incrível, uns brasileiros... Que ela na voz não tem *sotaque* nenhum, fala como nós. Ele sim, ele muito *sotaque*... Mas elegante também, V. Excia. não lhe pareceu?"

Mas é no segundo segmento – aquele da escavação do passado pessoal de Carlos – que, mais uma vez, a nota grave da meditação, fazendo contraponto à fatuidade das conversas superficiais em torno da mesa do jantar, e absorvendo a experiência sensível da primeira visão de Maria Eduarda, intensifica a tensão narrativa, sobretudo por sua força antecipadora.

Na verdade, saindo da reunião em companhia do Alencar pelo Aterro, a conversa entre ambos termina por referir-se aos tempos passados do poeta, suas imaginárias e exageradas glórias, os poemas dedicados aos amores de juventude, a decadência do gosto literário e dos costumes e, finalmente, a menção aos amigos, dentre eles o pai de Carlos, mas sem que se mencione uma só vez, e por inteiro, a tragédia das relações com a mãe. É a motivação para as reflexões de Carlos, através das quais o narrador vai tecendo o fio da narrativa. Eis um trecho delas:

> Carlos no seu quarto [...] ficou pensando nesse estranho passado que lhe evocara o velho lírico.
> E era simpático o pobre Alencar! Com que cuidado exagerado, ao falar de Pedro, de Arroios, dos amigos e dos amores de então, ele evitara pronunciar sequer o nome de Maria Monforte! Mais de uma vez, pelo Aterro afora, estivera para lhe dizer: – podes falar da mamã, amigo Alencar, que eu sei perfeitamente que ela fugiu com um italiano.

A revelação se dera através do Ega, ainda nos tempos de Coimbra, que, bêbado, lhe contara tudo acerca da tragédia dos pais, mais tarde confirmada, de modo dolorido, pelo próprio avô.

O mais importante, entretanto, como parte do procedimento adotado pelo narrador, está em que toda essa ordenação do passado converge para a fixação da imagem de Maria Eduarda há pouco apreendida, no momento em que, aos poucos, Carlos vai-se entregando à dormência do sono. É novamente a *visão* ocorrida no peristilo do Hotel Central, adotando quase os mesmos termos ali utilizados:

> E então, pouco a pouco, diante das suas pálpebras cerradas, uma visão surgiu, tomou cor, encheu todo o aposento. Sobre o rio, a tarde morria numa paz elísia. O peristilo do Hotel Central alargava-se, claro ainda. Um preto grisalho

vinha, com uma cadelinha no colo. Uma mulher passava, alta, com uma carnação ebúrnea, bela como uma Deusa, num casaco de veludo branco de Gênova. O Craft dizia ao seu lado *très-chic*. E ele sorria, no encanto que lhe davam estas imagens, tomando o relevo, a linha ondeante, e a coloração de coisas vivas.

Eram três horas quando se deitou. E apenas adormecera, na escuridão dos cortinados de seda, outra vez um belo dia de inverno morria sem uma aragem, banhado de cor-de-rosa: o banal peristilo de Hotel alargava-se, claro ainda na tarde; o escudeiro preto voltava, com a cadelinha nos braços; uma mulher passava, com um casaco de veludo branco de Gênova, mais alta que uma criatura humana, caminhando sobre nuvens, com um grande ar de Juno que remonta ao Olimpo: a ponta dos seus sapatos de verniz enterrava-se na luz do azul, por trás as saias batiam-lhe como bandeiras ao vento. E passava sempre...

Desse modo, entre a visão, de fato ou onírica, de Maria Eduarda e o passado de Carlos centrado na imagem da mãe, cujos traços lhe vêm por impressões alheias (num determinado momento, ele afirma que só sabia que Maria Monforte era loura), estabelece-se uma relação de intensa dependência entre as imagens como significantes em que se apóia o tema central do romance, cujos efeitos narrativos somente serão plenamente sentidos pela releitura.

No mesmo sentido, e já no capítulo nono do primeiro volume, quando é narrada a ida de Carlos à residência dos Castro Gomes, sem que estivesse presente Maria Eduarda, a fim de, como médico, assistir à filha do casal a pedido do Dámaso, então um íntimo da casa, alguns segmentos reforçam aquele procedimento, e pelo menos dois merecem um comentário.

O primeiro diz respeito aos olhos azuis de Rosa, Rosicler, a pequena filha de Maria Eduarda, através de uma observação auto-reflexiva de Carlos:

> Enquanto a inglesa falava, Rosa, com a sua boneca nos braços, não cessava de olhar Carlos gravemente e como maravilhada. Ele, de vez em quando, sorria-lhe, ou acariciava-lhe a mãozinha. Os olhos da mãe eram negros, os do pai de azeviche e pequenos: de quem herdara ela aquelas maravilhosas pupilas de um azul tão rico, líquido e doce.

Para o releitor do romance não há dúvida: tendo lido e bem articulado o trecho em que é narrada a primeira visão que tem Afonso da Maia de Maria Monforte, deve operar uma outra articulação e perceber na indagação de Carlos uma insinuação de parentesco entre a pequena Rosicler e a avó, de "olhos de um azul sombrio", como está dito nesse texto. Corrija-se a afirmação anterior: insinuação não de Carlos, mas do narrador, pela utilização do discurso indireto livre, de freqüente uso no romance e de ilustre tradição flaubertiana.

O segundo segmento diz respeito às observações de Carlos acerca dos objetos que vai detectando no quarto de Maria Eduarda, onde estava acamada Rosicler.

> Depois, ao escrever a receita, Carlos notou ainda sobre a mesa alguns livros de encadernações ricas, romances e poetas ingleses: mas destoava ali, estranhamente, uma brochura sin-

gular – o *Manual de Interpretação dos Sonhos*. E ao lado, em cima do toucador, entre os marfins das escovas, os cristais dos frascos, as tartarugas finas, havia outro objeto extravagante, uma enorme caixa de pó-de-arroz, toda de prata dourada, com uma magnífica safira engastada na tampa dentro de um círculo de brilhantes miúdos, uma jóia exagerada de cocote, pondo ali uma dissonância audaz de esplendor brutal.

Por certo, aquilo que é destoante nos arranjos burgueses do quarto é lido pelo releitor como traços de Maria Monforte adquiridos em suas aventurosas experiências, somente muito depois reveladas, quer no fausto dos salões parisienses de seus inícios de vida no exterior, quer mesmo na penúria da experiência londrina, depois das tormentas de 1848. Desse modo, entre o vulgar manual (e somente no início do século XX Freud daria foros de dignidade científica ao assunto ali tratado) e a escandalosa caixa de pó-de-arroz, arma-se um esquema biográfico em que o leitor sente insinuar-se uma relação entre Maria Eduarda e Maria Monforte, funcionando como índice narrativo de antecipação.

O jogo de aproximações domina o romance a partir daquela primeira visão no peristilo do Hotel Central e, mesmo antes da ida do médico Carlos Eduardo da Maia à residência do casal Castro Gomes, com a decepção de não encontrar Maria Eduarda, por duas vezes ocorrem *visões* casuais, numa das quais o narrador, através do estilo indireto livre, faz a crítica dos termos por ele próprio utilizados para fixar a impressão que a imagem lhe provocava.

É o trecho em que, caminhando em direção ao Aterro, "ao fim da rua do Alecrim", encontra o conde Steinbroken e por uns bons momentos tem que suportar a conversa entediante do diplomata. Por entre frases ditas em francês, em que as repetições de vícios de linguagem, como "il est très fort, il est excessivement fort" ou "très grave", marcam o ridículo e a mesmice do diálogo, Carlos, de repente, dirige a sua atenção para outra parte:

> Mas Carlos não escutava, nem sorria já. Do fim do Aterro aproximava-se, caminhando depressa, uma senhora – que ele reconheceu logo, por esse andar que lhe parecia de uma deusa pisando a terra, pela cadelinha cor-de-prata que lhe trotava junto às saias, e por aquele corpo maravilhoso, onde vibrava, sob linhas ricas de mármore antigo, uma graça quente, ondeante e nervosa. [...] Nenhum véu, nessa tarde, lhe assombreava o rosto. Mas Carlos não pôde detalhar-lhe as feições; apenas de entre o esplendor ebúrneo da carnação sentiu o negro profundo de dois olhos que se fixaram nos seus. Insensivelmente deu um passo para a seguir. Ao seu lado Steinbroken, sem ver nada, estava achando Bismarck assustador. À maneira que ela se afastava, parecia-lhe maior, mais bela: e aquela imagem falsa e literária de uma deusa marchando pela terra prendia-se-lhe à imaginação.

Por outro lado, os desencontros, além daquele já mencionado da visita de médico para atender Rosicler, são, pelo menos, três: o da viagem a Sintra, com o Cruges, o plano malogrado de uma visita ao Craft em sua casa dos Olivais, com o Dámaso, sob a desculpa de ali apreciar as antiguidades colecionadas pelo amigo, e o desencontro na festa nacional de corridas de cavalos.

Vê-se, desse modo, como a narrativa passa a ser dominada por esse jogo de aproximações entre Carlos Eduardo e Maria Eduarda, que vai conduzindo o romance para o núcleo de seu tema aglutinador. De tal maneira que o último capítulo, o décimo do primeiro volume, termina precisamente com a recepção por Carlos de um convite pessoal de Maria Eduarda para que vá à sua casa, ainda que seja para "ir ver na manhã seguinte, o mais cedo possível, uma pessoa de família, que se achava incomodada".

De fato, o leitor, se bem leu o movimento antecipatório de grande parte da narrativa neste primeiro volume, está preparado para o encontro entre os dois. Não antes de que, no último parágrafo do capítulo final, se defronte com a reflexão prenhe de antecipação, ainda que dita em tom displicente e casual, que faz o Craft, seguindo a observação de Carlos, fundada no sentimento de exaltação de que se acha contaminado com a perspectiva de ver Maria Eduarda no dia seguinte. Eis o diálogo:

— A gente, Craft, nunca sabe se o que lhe sucede é, em definitivo, bom ou mau.
— Ordinariamente é mau, disse o outro friamente, aproximando-se do espelho a retocar com mais correção o nó da gravata branca.

E o primeiro capítulo do segundo volume (XI nas edições correntes) é, finalmente, o do encontro entre Carlos e Maria Eduarda. É ainda uma visita de médico: desta vez para atender aos incômodos da governanta inglesa, *Miss* Sarah, mas, desde o começo do capítulo, ocorre novamente aquele processo de insinuação antecipatória, com relação ao tema do romance, estabelecendo-se, através do discurso indireto livre de Carlos, uma relação subliminar de parentesco entre os dois, somente efetivada e intensificada pela releitura. Trata-se do trecho em que, ao acariciar a cadelinha de Maria Eduarda, cuja presença fora tão marcante em todas as visões de Carlos, ocorre a seguinte observação: "Niniche apareceu a bocejar. Carlos achava lindo este nome de Niniche. E era curioso, tinha tido também uma galguinha italiana que se chamava Niniche..."

Entretanto, é somente no segundo capítulo, que se inicia pelo retorno de João da Ega de seu exílio de Celorico, para onde fora restabelecer-se do desastre da descoberta pelo marido de suas aventuras com a bela Raquel Cohen, que ocorre a declaração de amor apaixonado de Carlos por Maria Eduarda. E é depois de sugerir que se podia alugar a casa do Craft nos Olivais para que Maria Eduarda pudesse ir para lá, encontrando um ambiente mais de acordo com o seu gosto requintado do que aquele apartamento de pequena burguesia à rua de S. Francisco, e descrevendo-lhe as belezas tranqüilas da aldeia e os adornos da casa, que Carlos, num desabafo, declara a sua paixão. Leia-se o trecho seguinte:

Ela escutava-o, encantada:
— Oh! isso era o meu sonho! Vou ficar agora toda alterada, cheia de esperanças... Quando poderei ter uma resposta?

Carlos olhou o relógio. Era já tarde para ir aos Olivais. Mas logo na manhã seguinte cedo, ia falar com o dono da casa, seu amigo...

— Quanto incômodo por minha causa! disse ela. Realmente! como lhe hei de eu agradecer?...

Calou-se; mas os seus belos olhos ficaram um instante pousados nos de Carlos, como esquecidos, e deixando fugir irresistivelmente um pouco do segredo que ela retinha no seu coração.

Ele murmurou:

— Por mais que eu fizesse, ficaria bem pago de tudo se me olhasse outra vez assim.

Uma onda de sangue cobriu toda a face de Maria Eduarda.

— Não diga isso...

— E que necessidade há que eu lho diga? Pois não sabe perfeitamente que a adoro, que a adoro, que a adoro!

Ela ergueu-se bruscamente, ele também: — e assim ficaram, mudos, cheios de ansiedade, trespassando-se com os olhos, como se se tivesse feito uma grande alteração no Universo, e eles esperassem, suspensos, o desfecho supremo dos seus destinos... E foi ela que falou, a custo, quase desfalecida, estendendo para ele, como se o quisesse afastar, as mãos inquietas e trêmulas:

— Escute! Sabe bem o que eu sinto por si, mas escute... Antes que seja tarde há uma coisa que lhe quero dizer...

Carlos via-a assim tremer, via-a toda pálida... E nem a escutara, nem a compreendera. Sentia apenas, num deslumbramento, que o amor comprimido até aí no seu coração irrompera por fim, triunfante, e embatendo no coração dela, através do aparente mármore do seu peito, fizera de lá ressaltar uma chama igual... Só via que ela tremia, só via que

ela o amava... E, com a gravidade forte de um ato de posse, tomou-lhe lentamente as mãos, que ela lhe abandonou, submissa de repente, já sem força, e vencida. E beijava-lhas ora uma ora outra, e as palmas, e os dedos, devagar, murmurando apenas:
— Meu amor! meu amor! meu amor!

Neste longo trecho existem elementos para longas reflexões, de que extrairemos apenas alguns para acentuar o trabalho de mestria na construção da narrativa.

Em primeiro lugar, é preciso observar que esse encontro entre os dois se dá logo depois da saída de Carlos de um encontro com a condessa de Gouvarinho, "em casa da Titi [...], retido pelos seus beijos intermináveis", e isto depois da promessa que se fizera, no dia anterior, de terminar definitivamente as suas ligações com ela, trazendo elementos para a compreensão do tipo de relação que imagina poder oferecer a Maria Eduarda, e que se explicita no trecho em que, no diálogo transcrito, responde aos apelos repetidos de Maria Eduarda no sentido de que antes de qualquer coisa precisava dizer-lhe algo de importância:

— Eu sei o que é! exclamou, ardentemente, junto do rosto dela, sem a deixar falar mais, certo de que advinhara o seu pensamento. Escusa de dizer, sei perfeitamente. É o que eu tenho pensado tantas vezes! É que um amor como o nosso não pode viver nas condições em que vivem outros amores vulgares... É que desde que eu lhe digo que a amo, é como se lhe pedisse para ser minha esposa diante de Deus...

A sutil e estreita relação que se estabelece entre a experiência dos encontros vulgares e próprios da condição social de alta burguesia com a condessa e as promessas de uma paixão devoradora pacificada pelos idílios de uma casa campestre, cuja pureza bucólica viesse contrapor-se à clandestinidade dos "amores de traição" e, portanto, impuros, faz que Carlos leia nos apelos de Maria Eduarda aquilo que ele quer ler, projeções de seu desejo. Como não ver na leitura de Carlos resíduos de uma concepção ultra-romântica da paixão amorosa que conflita com a serenidade arcádica, e mesmo neoclássica, de suas aspirações de um bucolismo doméstico? É este conflito que o faz cego (e somente a releitura dará as dimensões dessa cegueira) para os apelos de Maria Eduarda que, sabe o releitor, dizem respeito ao seu passado e ao que ele representaria para o núcleo temático do romance.

Em segundo lugar, entretanto, é essa cegueira de Carlos que permite a continuidade do romance, fazendo que, logo em seguida, no capítulo terceiro do segundo volume, ocorra a primeira cena de relação sexual entre eles e que é precedida por uma outra de grande, por assim dizer, pulsão narrativa.

Tudo se passa ao fim da visita que fazem os dois à casa do Craft nos Olivais, renomeada de Toca por eles, passeando por entre o *bric-à-brac* confuso de salas e quartos até que se defrontam com uma escultura insólita. Diz o narrador:

Era ao centro, sobre uma larga peanha, um ídolo japonês de bronze, um deus bestial, nu, pelado, obeso, de papeira, faceto e banhado de riso, com o ventre ovante, distendido na indigestão de todo um universo – e as duas perninhas bambas, moles e flácidas como as peles mortas de um feto. E este monstro triunfava, escanchado sobre um animal fabuloso, de pés humanos, que dobrava para a terra o pescoço submisso, mostrando no focinho e no olho oblíquo todo o surdo ressentimento da sua humilhação.

Diante da imagem e depois da observação de Carlos ("E pensarmos [...] que gerações inteiras vieram ajoelhar-se diante deste ratão, rezar-lhe, beijar-lhe o umbigo, oferecer-lhe riquezas, morrer por ele"), a frase de Maria Eduarda é de uma enorme intensidade na releitura da obra. Diz ela: "– O amor que se tem por um monstro [...] é mais meritório, não é verdade?"

E se isso ainda não fosse suficiente para ir semeando elementos sombrios por entre os arroubos de felicidade de que estão contaminados, criando os intervalos narrativos pelos quais se anuncia a relação entre amor e monstruosidade, bem ao gosto da linguagem ultra-romântica que lateja, sem cessar, por sob a aparência causal do repertório realista do romance, no momento em que se dirigem para o leito é ainda a imagem monstruosa, agora associada ao amor pela frase anterior de Maria Eduarda e também pela impressão que lhe ficara da visão da cabeça cortada e ensangüentada de S. João Batista num quadro que, por um instante, surge numa exclamação apenas murmurada por ela ("– Aquela horrível cabeça!"). Isso tudo para finalizar com a delicadeza das últimas frases da cena: "E então todo o rumor se extinguiu, a solitária casa ficou adormecida entre as árvores, numa demorada sesta, sob a calma de julho..."

A partir daí, e durante os dois capítulos seguintes, o quarto e o quinto, toda a trama passa a girar em torno das relações entre eles, ora desfrutando de uma felicidade a sós na existência idílica da Toca, ora convocando os amigos para dela participarem, dando uma aparência de normalidade burguesa às suas relações. Mas, aqui e ali, surgem os pequenos desvios à tranqüilidade: é, por exemplo, a dificuldade encontrada por Carlos em se desvencilhar dos amores enfurecidos da condessa de Gouvarinho, é a rusga entre Carlos e Maria Eduarda como resultado das informações dadas por Castro Gomes acerca da origem de Maria Eduarda e o tipo de relações livres que mantém com ela, não existindo qualquer vínculo maior entre os dois, é a carta anônima (que, depois, se sabe ter sido de autoria do ressentido Dámaso Salcede) em que são tornadas públicas as relações entre Carlos e Maria Eduarda. São também as reuniões sociais, em que sobressaem as discussões exaltadas, sobretudo aquelas em que brilham os paradoxos de João da Ega e o ridículo das falas do conde de Gouvarinho, é o sarau lítero-musical da Trindade, em que sobressaem o fracasso musical do Cruges e o sucesso da poesia de corte liberal e ultra-romântica do Alencar. É, enfim, aquele mesmo jogo de exterioridades e superficialidade, que já se viu dominar grande parte da fábula do volume primeiro, ao lado de momentos de maior gravidade, tal como anteriormente, desta vez centrados não mais apenas em Carlos mas em suas relações com Maria Eduarda. É o caso das informações transmitidas a Carlos pela visita inesperada do Castro Gomes, em que, embora nem uma só vez se pronuncie o nome da mãe de Maria Eduarda, a narração de sua origem, só em parte abordada pelo brasileiro, isto é, somente a partir do momento em que ela é Maria Eduarda Mac-Gren, por seu casamento com um aventuroso irlandês, morto na batalha de Saint-Privat, de que lhe nascera a pequena Rosa, começa a articular os elementos essenciais para que a revelação do parentesco entre os dois ocorra no capítulo sexto.

É de observar ainda que toda a narração que, no capítulo quinto, faz Maria Eduarda acerca de sua existência atormentada no exterior em companhia da mãe, buscando explicar para Carlos o tipo de relações que passou a manter com o Castro Gomes, é toda ela salpicada de lances melodramáticos à Dumas ou à Victor Hugo, por onde se aprofundam as críticas à ideologia e à literatura românticas que ressaltam mesmo dos traços caricaturais com que o autor exacerba as suas linguagens.

Por isso mesmo, não é inverossímil que cartas e documentos há muito tempo guardados venham compor e ordenar os acontecimentos. Sejam as cartas do Mac-Gren, colecionadas por Maria Eduarda e agora, neste quinto capítulo, apresentadas a Carlos como elementos para a sua defesa, seja o pequeno cofre de documentos desconhecidos em posse do Guimarães, tio do Dámaso, que ressurge na narrativa, no capítulo sexto, motivado pela carta anônima do sobrinho, que é entregue a João da Ega para que este faça chegar à irmã de Carlos Eduardo da Maia, agora revelada como tal.

Entretanto, ainda no quinto capítulo, há um detalhe de construção que não se deve deixar passar sem um comentário, pois ele ilumina, mais uma vez, a sabedoria técnica do autor. Refiro-me ao modo pelo qual se prepara a futura recepção, pelo avô, da notícia das relações entre os irmãos.

Na verdade, trata-se de acentuar o caráter conservador de Afonso da Maia num momento em que, pensando mais uma vez em formas de contribuir para o desenvolvimento do país, Carlos e João da Ega discutem, divertidos e entusiasmados, a fundação de uma *Revista* e falam da possível colaboração do velho fidalgo. Eis as reflexões de Afonso:

Mas Ega entendia que o sr. Afonso da Maia devia descer à arena, lançar também a palavra do seu saber e da sua experiência. Então o velho riu. O que! compor prosa, ele, que hesitava para traçar uma carta ao feitor? De resto o que teria a dizer ao seu país, como fruto da sua experiência, reduzia-se pobremente a três conselhos em três frases: aos políticos – "menos liberalismo e mais caráter"; aos homens de letras – "menos eloqüência e mais idéia"; aos cidadãos em geral – "menos progresso e mais moral".

A acentuação do conservadorismo de Afonso tem uma função importante como índice de continuidade da narrativa: vem, em grande parte, explicar de que modo é intensa a sua repulsa às relações entre Carlos e Maria Eduarda, ainda mais quando passa a suspeitar, e com razão, de que, mesmo depois de saber do parentesco, Carlos continou a manter relações com a irmã.

A comprovação disso está em trecho do sétimo capítulo, em que Carlos vai à casa de Maria Eduarda a fim de revelar a sua terrível descoberta, termina apenas informando-a de uma viagem a Santa Olávia para a resolução de problemas práticos com águas e feitores, e não resiste ao intenso desejo que ela lhe provoca. Eis o trecho que se inicia com a visão de Maria Eduarda espreguiçando-se "languidamente sobre o leito brando":

— Achei-me tão cansada, depois do jantar, veio-me uma preguiça... Mas então partires assim de repente!... Que seca! Dá cá a mão!

Ele tenteava, procurando na brancura da roupa: encontrou um joelho a que percebia a forma e o calor suave, através da seda leve: e ali esqueceu a mão, aberta e frouxa, como morta, num entorpecimento onde toda a vontade e toda a consciência se lhe fundiam, deixando-lhe apenas a sensação daquela pele quente e macia onde a sua palma pousava. Um suspiro, um pequenino suspiro de criança, fugiu dos lábios de Maria, morreu na sombra. Carlos sentiu a quentura do desejo que vinha dela, que o entontecia, terrível como o bafo ardente de um abismo, escancarado na terra a seus pés. Ainda balbuciou: "não, não..." Mas ela estendeu os braços, envolveu-lhe o pescoço, puxando-o para si, num murmúrio que era como a continuação do suspiro, e em que o nome de *querido* sussurrava e tremia. Sem resistência, como um corpo morto que um sopro impele, ele caiu-lhe sobre o seio. Os seus lábios secos acharam-se colados num beijo aberto que os umedecia. E de repente, Carlos abraçou-a furiosamente, esmagando-a e sugando-a, numa paixão e num desespero que fez tremer todo o leito.

Aqui não existe a delicadeza da primeira cena de amor entre ambos, passada entre o *bric-à-brac* da Toca: amor e desespero, repercutindo aquela monstruosidade discutida diante da imagem do ídolo japonês, presente na primeira cena, entrelaçam-se agora para configurar a brutalidade, o destempero, de uma paixão culpada.

Por outro lado, tendo sido informado pelo próprio neto da existência da neta e das relações entre os dois, no mesmo momento em que Carlos também recebia as notícias através do João da Ega, e isto por intermédio de uma notável artimanha do narrador fazendo que a procura de um chapéu perdido do procurador Vilaça leve Afonso até à sala onde estavam tensamente reunidos Carlos e João da Ega, Afonso da Maia é dominado por uma sombra que não mais o deixará e o levará à morte, prenunciada no trecho em que, depois de manter relações com a irmã, Carlos, voltando ao Ramalhete e às escuras, percebe a presença fantasmal do avô que não pudera dormir sob a angústia do pensamento que o atormentava. Vale a pena ler o texto por sua beleza antecipatória, só plenamente absorvida na releitura:

No patamar tateava, procurava a vela – quando, através do reposteiro entreaberto, avistou uma claridade que se movia no fundo do quarto. Nervoso, recuou, parou no recanto. O clarão chegava, crescendo: passos lentos, pesados, pisavam surdamente o tapete: a luz surgiu – e com ela o avô em mangas de camisa, lívido, mudo, grande, espectral. Carlos não se moveu, sufocado; e os dois olhos do velho, vermelhos, esgazeados, cheios de horror, caíram sobre ele, ficaram sobre ele, varando-o até as profundidades da alma, lendo lá o seu segredo. Depois, sem uma palavra, com a cabeça branca a tremer, Afonso atravessou o patamar, onde a luz sobre o veludo espalhava um tom de sangue: – e os seus passos perderam-se no interior da casa, lentos, abafados, cada vez mais sumidos, como se fossem os derradeiros que devesse dar na vida!

É, mais uma vez, a enorme sabedoria do escritor na criação de rápidos intervalos na narrativa por onde salta a poeticidade: aquela tonalidade da luz – muito semelhante à imagem instaurada pelo escarlate da sombrinha de Maria Monforte em trecho do primeiro volume no qual é fixada a primeira visão que tem Afonso da mulher de Pedro da Maia – transfere para Carlos o sentido premonitório da morte que, no volume anterior, havia pertencido a Afonso.

O círculo está, de fato, completo: a morte de Afonso da Maia, ocorrida no dia seguinte ao encontro às escuras com Carlos, faz que o neto desista de ter o destino do pai, afastando a idéia do suicídio que, por um momento, o domina. E, aos poucos, aquilo que era uma "tragédia infernal", nas palavras prenunciadoras de João da Ega quando comparou o destino de D. Juan e o de Carlos, transforma-se em comédia: são os arranjos para que Maria Eduarda viaje a Paris, encarregando-se o procurador Vilaça de passar para o mensageiro João da Ega os fundos necessários e são os planos de viagem de Carlos Eduardo, levando consigo o companheiro inseparável.

É esta transformação que responde pelos elementos de tragicomédia que dominam as reflexões finais entre Carlos Eduardo e João da Ega no último capítulo do romance, envolvendo agora não apenas os dramas pessoais, mas estendendo-se para a percepção de problemas históricos e sociais.

Sendo assim, por exemplo, durante o passeio pelas ruas de Lisboa, quando esbanjam teorias sobre a sociedade, a história ou suas próprias vidas, num determinado momento o Ega, animando-se a partir de uma observação de Carlos acerca das botas usadas pelos janotas que passavam por eles, "botas despropositadamente compridas, rompendo para fora da calça colante com pontas aguçadas e reviradas como proas de barcos varinos...", elabora, qual um dos muitos personagens machadianos, uma teoria das botas para explicar o Portugal contemporâneo. Eis um trecho, um admirável trecho de filosofia da história meditada pelo *esprit* de João da Ega:

Tendo abandonado o seu feitio antigo, a D. João VI, que tão bem lhe ficava, este desgraçado Portugal decidira arranjar-se à moderna: mas sem originalidade, sem força, sem caráter para criar um feitio seu, um feitio próprio, manda vir modelos do estrangeiro – modelos de idéias, de calças, de costumes, de leis, de arte, de cozinha... Somente, como lhe falta o sentimento da proporção, e ao mesmo tempo o domina a impaciência de parecer muito moderno e muito civilizado – exagera o modelo, deforma-o, estraga-o até a caricatura. O figurino da bota que veio de fora era levemente estreito na ponta; – imediatamente o janota estica-o e aguça-o até ao bico de alfinete. Por seu lado o escritor lê uma página de Goncourt ou de Verlaine em estilo precioso e cinzelado; – imediatamente retorce, emaranha, desengonça a sua pobre frase até descambar no delirante e no burlesco. Por sua vez o legislador ouve dizer que lá fora se levanta o nível da instrução; – imediatamente põe no programa dos exames de primeiras letras a metafísica, a astronomia, a filologia, a egiptologia, a cresmática, a crítica das religiões comparadas, e outros infinitos terrores. E tudo por aí adiante assim, em todas as classes e profissões, desde o orador até o fotógrafo, desde o jurisconsulto até o *sportman*... É o que sucede com os pretos já corrompidos de S. Tomé, que vêem os europeus de lunetas – e imaginam que nisso consiste ser civilizado e ser branco. Que fazem então? Na sua sofreguidão de progresso e de brancura acavalam no nariz três ou quatro lunetas, claras, defumadas, até de cor. E assim andam pela cidade, de tanga, de nariz no ar, aos tropeções, no desesperado e angustioso esforço de equilibrarem todos estes vidros – para serem imensamente civilizados e imensamente brancos...

A caricatura, e isto é notável, não está apenas nos objetos de representação do discurso de João da Ega, mas na própria estruturação de seu discurso, vale dizer, na retórica de que se utiliza para dar existência àquela representação. Entre esta e aquela cria-se o espaço para a tragicomédia.

E esta se confirma com a admirável cena derradeira do romance, quando, depois de ter afirmado a sua nova concepção da existência, que se traduz pelo que chama de "fatalismo muçulmano", isto é, uma altiva indiferença pela agitação da vida moderna, e em meio à tristeza de ter esquecido de ter mandado fazer para o jantar "um grande prato de paio com ervilhas", de que andava saudoso em sua tranqüilidade parisiense, Carlos Eduardo apressa João da Ega para que tomem o "americano" a fim de não se atrasarem para a reunião com os amigos no Hotel Bragança.

E a última fala de Carlos ainda sinaliza essa tensão de linguagens de que o romance está feito: "– Que raiva ter esquecido o paiozinho! Enfim, acabou-se. Ao menos assentamos a teoria definitiva da existência. Com efeito, não vale a pena fazer um esforço, correr com ânsia para coisa alguma..."

Entre a volta dos Maias ao Ramalhete, em 1875, e a volta de Carlos a Lisboa, em 1886, a arte de Eça de Queiroz inventou o intervalo de uma volta maior: a do romance realista, que, como a do seu mestre Flaubert, volta-se para os resíduos românticos e com eles constrói uma obra clássica.

A Volúpia Lasciva do Nada
Uma Leitura de
MEMÓRIAS PÓSTUMAS DE BRÁS CUBAS

I

Em carta de 11 de dezembro de 1852, portanto pouco mais de um ano depois de ter iniciado a composição de Madame Bovary, escreve Flaubert a Louise Colet:

> Je commence par te dévorer de baisers, dans la joie qui me transporte. Ta lettre de ce matin m'a enlevé de dessus le coeur un terrible poids. Il était temps. Hier, je n'ai pu travailler de toute la journée... A chaque mouvement que je faisais (ceci est textuel), la cervelle me sautait dans le crâne et j'ai été obligé de me coucher à 11 heures. J'avais la fièvre et un accablement général. Voici trois semaines que je souffrais horriblement d'appréhensions: je ne dépensais pas à toi d'une minute, mais d'une façon peu agréable. Oh oui, cette idée me torturait; j'en ai eu des chandelles devant les yeux

deux ou trois fois, jeudi entr'autres. Il faudrait tout un livre pour développer d'une manière compréhensible mon sentiment à cet égard. L'idée de donner le jour à quelqu'un me fait horreur. Je me maudirais si j'étais père. Un fils de moi! Oh non, non, non! Que toute ma chair périsse et que je ne transmette à personne l'embêtement et les ignominies de l'existence![1]

Creio que nenhum leitor de Machado de Assis deixará de sentir nas duas linhas finais da carta de Flaubert um eco da última das negativas com que terminam as *Memórias de Brás Cubas*. Embora os termos utilizados sejam diversos (em Flaubert, fala-se parti-

1. Em *Oeuvres Complètes de Gustave Flaubert. Correspondance. Nouvelle édition augmentée. Troisième série [1852-1854]*, Paris, Louis Conard Libraire-Éditeur, 1927, pp. 62-63. A carta manteve-se inédita até esta edição. Eis uma versão aproximada: "Começo por te devorar com beijos, na alegria que me arrebata. Tua carta desta manhã me tirou de cima do coração um peso terrível. Era tempo. Ontem não pude trabalhar durante todo o dia... A cada movimento que fazia (isto é textual), o cérebro saltava-me no crânio e fui obrigado a me deitar às 11 horas. Tinha febre e uma fadiga geral. Fazia três semanas que eu sofria horrivelmente de apreensões: eu não deixava de pensar em ti nem um minuto, mas de um modo pouco agradável. Oh, sim, esta idéia me torturava: tive faíscas diante dos olhos duas ou três vezes, quinta-feira inclusive. Seria preciso todo um livro para desenvolver de uma maneira compreensível meu sentimento a este respeito. A idéia de dar à luz alguém me dava horror. Eu me maldiria se fosse pai. Um filho meu! Oh não, não, não! Que toda minha carne pereça e que eu não transmita a ninguém a estupidez e as ignomínias da existência!"

cularizando em estupidez e ignomínias; em Machado, generaliza-se falando-se em miséria), assim como os modos verbais (em Flaubert, o subjuntivo futuro; em Machado, o pretérito perfeito), o que identifica os dois textos, até mesmo em sua formulação, é aquilo que se nega ou negará: a idéia de transmissão, por via genética, de uma visão do mundo negativa, que se traduz por "estupidez", "ignomínias" ou "legado de nossa miséria".

É claro que há uma distinção mais fundamental entre os dois: enquanto, no autor Flaubert, se trata da expressão de um temor de ordem pessoal – a suspeita de que Louise Colet pretendia modificar o tipo de suas relações, acenando com a maternidade –, na personagem de Brás Cubas, o que se afirma é um ajuste de contas com a própria existência. Diz o "defunto autor":

> Somadas umas coisas e outras, qualquer pessoa imaginará que não houve míngua nem sobra, e conseqüentemente que saí quite com a vida. E imaginará mal; porque ao chegar a este outro lado do mistério, achei-me com um pequeno saldo, que é a derradeira negativa deste capítulo de negativas: Não tive filhos, não transmiti a nenhuma criatura o legado da nossa miséria[2].

A negativa como saldo: mais que uma constatação de ordem biológica, este movimento funciona como um dos princípios estruturadores das *Memórias*. Na verda-

---

2. Em *Memórias Póstumas de Brás Cubas*, Rio de Janeiro, MEC-INL, 1960, p. 304. Todas as citações serão feitas a partir desta edição.

de, lido de trás para diante, quer dizer, entre morte e morte, o livro deixa pouca coisa em pé, sobrelevando a enorme exceção que é o próprio livro. Para Machado de Assis, como para Mallarmé, a destruição também foi a sua Beatriz.

Desse modo, o livro que fica em pé, por entre os destroços que ele mesmo criou, termina por ser a verdadeira e última negativa: a afirmação do discurso ficcional que somente foi possível pela negação de um fazer e dizer artísticos (tais os românticos, tais os primeiros produtos realistas-naturalistas) que procuravam a justificativa daquele discurso em positividades incrustadas em outros discursos (o histórico, o político, o filosófico etc.).

Pode-se dizer, sem dúvida, que as *Memórias*, publicadas entre março e dezembro de 1880, na *Revista Brasileira*, significaram, para o autor, a afirmação de uma maneira de ver a literatura que, em última instância, não apenas negava a sua própria maneira anterior, mas fazia desta maneira a alimentação para o verme que não somente roeu as "frias carnes" do "autor defunto", mas que, assim fazendo, deixou surgir o "defunto autor". Não se trata, portanto, de duas fases de um mesmo escritor. É antes o modo pelo qual, "roída" pela anterior, para utilizar os termos do epitáfio, a obra de agora instaura o espaço onde seja possível dar o troco: instalar a negatividade por entre os interstícios da própria obra.

Mas o que significa esta instalação e onde estão, na obra, os seus traços identificadores?

Antes de mais nada, é preciso dizer que, articulando os planos temáticos da obra, estes traços não se esgotam neles, mas devem ser buscados nos discursos que deles dão conta. Ou, para dizer de outra maneira, a negatividade não está apenas nas "rabugens de pessimismo", anotadas tanto pelo próprio Brás Cubas, na advertência "Ao Leitor", quanto citadas por Machado de Assis no "Prólogo da Quarta Edição", mas na desmontagem, que a obra deixa ver, daqueles discursos que representam tais "rabugens de pessimismo" e que constituem os seus planos temáticos.

A começar pelo começo, algo disso já se evidencia pela perspectiva assumida na composição, em que, se o autor faz as vezes de um editor, aproximando, no "Prólogo", esta maneira à tradição de Sterne, Xavier de Maistre ou Garrett, os oito capítulos iniciais retificam o que ali está dito ao insistir na enunciação das *Memórias* como obra de além-túmulo.

Em "Ao Leitor", é o próprio Brás Cubas quem anota o inusitado do processo de composição, fugindo de sua explicação e desculpando-se pela necessidade de um prólogo curto, afirmando: "Conseqüentemente, evito contar o processo extraordinário que empreguei na composição destas *Memórias*, trabalhadas cá no outro mundo"[3]. Desde a escolha do ponto de vista, portanto, a obra integra, como princípio de composição, a crítica ao mandamento romântico da hipertrofia do eu, por se tratar de um "defunto autor" e não de um "autor de-

---

3. *Idem*, p. 109.

funto", como está em Chateaubriand (e, talvez, por isso mesmo, Augusto Meyer pôde ver nas *Memórias* traços ultra-românticos[4]), culminando no capítulo sétimo, "O Delírio".

Mas isso seria pouco como integração crítica se o próprio discurso narrativo adotado nas *Memórias* não envolvessem traços estilísticos discordantes que provocam o aparecimento e a dissolução simultâneos de significados, e por onde a ironia e o humor organizam o espaço da negatividade. Assim, por exemplo, já no primeiro capítulo, a oração à beira do túmulo, aproveitando analogias com a natureza ("uma chuvinha miúda, triste e constante"), para os lugares-comuns enfileirados pelo orador ("Este ar sombrio, estas gotas do céu, aquelas nuvens escuras que cobrem o azul como um crepe funéreo, tudo isso é a dor crua e má que lhe rói à natureza as mais íntimas entranhas"), sofre uma leitura radical por parte do narrador que a destrói pelo súbito rebaixamento de nível: "Não, não me arrependo das vinte apólices que lhe deixei"[5].

É, na verdade, um procedimento que atravessa a obra de ponta a ponta e que, ainda nesse primeiro capítulo, encontra uma outra formulação tão eficaz quanto a passagem anterior, embora mais sutil. Trata-se do período em que o narrador, por assim dizer, escolhe os ruídos que compõem a orquestração de seus

4. Em *A Chave e a Máscara*, Rio de Janeiro, Edições O Cruzeiro, 1964, p. 161.
5. *Op. cit.*, p. 112.

últimos momentos: "Agora, quero morrer tranqüilamente, metodicamente, ouvindo os soluços das damas, as falas baixas dos homens, a chuva que tamborila nas folhas de tinhorão da chácara, e o som estrídulo de uma navalha que um amolador está afiando lá fora, à porta de um correiro"[6]. A última frase, opondo-se ao abafado e suave das anteriores ("soluços", "falas baixas", "chuva que tamborila"), assim como pela própria escolha dos objetos agora designados ("navalha", "amolador", "porta de um correiro"), cria uma discordância fundamental que obriga o leitor a ver nas frases anteriores um conjunto de epítetos convencionais extraídos da maneira tradicional de organizar os sons da morte.

No outro extremo, os capítulos II e IV, "O Emplasto" e "A Idéia Fixa", ampliam o procedimento em dois sentidos: indiciam a articulação necessária entre a crítica dos discursos e a das idéias que aqueles representam e apontam, por outro lado, para o desnorteamento às posições e opiniões criadas pela história. Acoplados, ambos os sentidos darão o tom e o substrato das *Memórias*. Assim, é a "idéia fixa" da invenção do emplasto que, por um lado, desencadeia a reflexão sobre as incertezas do discurso histórico e, por outro, é a mais desenvolvida e configurada crítica à própria fertilidade de teorias que absorve o narrador e que, mais adiante, será o fundamento do Humanitismo de Quincas Borba. Do emplasto propriamente pouco se diz e é mesmo mais importante a sua finalidade: "um emplasto anti-hipo-

---

6. *Idem, ibidem.*

condríaco, destinado a aliviar a nossa melancólica humanidade"[7]. É precisamente a partir da afirmação de um estado patológico extremamente generalizador – a melancolia de que se deve aliviar a humanidade – que o narrador salta para a reflexão sobre a história: o emplasto como idéia fixa, tão difusa quanto o mal a que se destina, compõe os termos da metáfora com que busca uma definição da história.

Na verdade, entre o adjetivo com que qualifica a natureza ("grande caprichosa") e aquele que serve para a história ("eterna loureira"), o movimento é de identificação se se prestar atenção ao fato de que, nos parágrafos seguintes, tanto a história é tratada como "volúvel" quanto o narrador nada encontra que possa servir de comparação à "idéia fixa": "Não me ocorre nada que seja assaz fixo nesse mundo: talvez a Lua, talvez as pirâmides do Egito, talvez a finada dieta germânica"[8].

É esta ausência de estabilidade e fixidez que, nestes capítulos iniciais, prepara a sutura entre o romanesco das *Memórias* (que, de fato, só se inicia a partir do capítulo X) e a proliferação de teorias com que se busca substituir a realização da "idéia fixa". É exemplo disso a insinuação da "teoria das edições humanas", que está no capítulo VI, em que aparece, pela primeira vez, a figura de Virgília, e que somente se explicitará no capítulo XXVII, precisamente aquele em que se retoma o aparecimento da personagem e, portanto, o prin-

7. *Idem*, p. 113.
8. *Idem*, p. 115.

cipal veio romanesco das *Memórias*. Esta teoria aponta, como todas as que passam pelas *Memórias*, para o relativo, o indeciso, o instável, o compensatório, o passageiro, o incerto, por onde se abre um fosso entre a desejada fixidez da história, sempre frustrada, e o discurso humano que a faz ser o que é: volúvel, "eterna loureira". Diz o narrador:

> Mas é isso mesmo que nos faz senhores da terra, é esse poder de restaurar o passado, para tocar a instabilidade das nossas impressões e a vaidade dos nossos afetos. Deixa lá dizer Pascal que o homem é um caniço pensante. Não; é uma errata pensante, isso sim. Cada estação da vida é uma edição, que corrige a anterior, e que será corrigida também, até a edição definitiva, que o editor dá de graça aos vermes[9].

Mas é no famoso capítulo VII, "O Delírio", que os fios dispersos nesta primeira parte das *Memórias* são reatados na composição, por assim dizer, emblemática das dificuldades com que tem de se haver o narrador e as estratégias utilizadas por ele para vencê-las.

Sendo um delírio, e o próprio narrador chama atenção para a sua condição de enfermidade ("reflexões de cérebro enfermo" ou "cogitações de enfermo"), é possível encontrar aqui, nas trilhas da condensação freudiana dos sonhos, o subtexto de uma leitura em dupla articulação: a natureza e a história, identificadas como

---

9. *Idem*, p. 161.

"volúveis" pela consciência, são traduzidas por um discurso que aglutina traços românticos e realistas, finalmente resolvidos pela corrosão do humor.

Assim, o capítulo, ao mesmo tempo em que tem uma função precisa no corpo das *Memórias*, é preparado por aquilo que está nos capítulos II e IV, em que a relação história e natureza é insinuada, tanto quanto pelos capítulos imediatamente anteriores – o V e o VI – em que a imagem de Virgília, por assim dizer, concretiza aquela relação, soldando natureza e história num movimento pessoal de vertigem.

O retorno ao passado que preenche o capítulo VI (e que deflagra a "teoria das edições humanas") é a plataforma da qual decola o delírio de Brás Cubas: aquilo que não se resolvera em suas relações com Virgília – os estágios por que passara o amor antes do casamento da personagem, durante o casamento e depois da morte do marido, indo da indiferença à indiferença, passando pela paixão – é agora percebido pela alegoria. Na verdade, ao inverter as falas da peça de Corneille, usadas como título do capítulo, o "defunto autor" acentua as contradições que podem levar à realização plena do amor. Em *Le Cid*, o que está no título do capítulo segue o tormento de Chimène, dilacerada entre a fidelidade filial e o amor de Don Rodrigue, e as duas questões são postas a partir da seguinte frase de Don Rodrigue: "Que de maux et de pleurs coûteront nos pères", mas seguindo também expressões diferentes de interpretação do dilaceramento: enquanto Don Rodrigue fala em "miracle d'amour", Chimène fala em "comble de misères"[10]. Ao dar precedência à fala de Don Rodrigue, invertendo os termos do movimento corneilliano entre crer e dizer ("Chimène, qui l'eût dit? Rodrigue, qui l'eût cru?"), o narrador instila aquilo que, de fato, deflagra o delírio: a transformação de Buffon em gavião, em que, além de haver alusão ao autor da *Histoire naturelle*, passa, é claro, a lembrança da frase famosa sobre o estilo e que, certamente, ocorre a partir da fala de Virgília, assim descrita pelo narrador: "Como tocássemos, casualmente, nuns amores ilegítimos, meio secretos, meio divulgados, vi-a falar com desdém e um pouco de indignação da mulher de que se tratava, aliás sua amiga"[11].

A partir daí e interpretando a satisfação do filho de Virgília ao ouvir "aquela palavra digna e forte" é que surge, no subtexto, a frase de Buffon, definindo não só o estilo de Virgília, mas qualificando o que há de rapina na sua postura, de certo modo antecipando o "estatuto universal", expresso pela natureza no capítulo seguinte: "A onça mata o novilho porque o raciocínio da onça é que ela deve viver, e se o novilho é tenro tanto melhor"[12]. Completa-se o círculo: as leituras invertidas de Corneille e Buffon apontam para a indiferente reversibilidade entre natureza e história,

---

10. Cf. *Le Cid*, ato III, cena IV, em Corneille, Théatre. Texto prefaciado e anotado por Pierre Lièvre, Paris, Gallimard, 1950, p. 798. Bibliothèque de la Pléiade.
11. *Op. cit.*, p. 119.
12. *Idem*, p. 123.

articulando-se pelo que há de "caprichosa" e "volúvel" numa e noutra. Ao entrar no capítulo VII propriamente, o leitor logo se defronta com o arbitrário das imagens oníricas: as relações entre "um barbeiro chinês" e um mandarim, a *Summa Theologica*, de São Tomás, e um hipopótamo que serve de guia ao narrador. Mas arbitrário apenas superficialmente, como em todas as imagens oníricas: como não ver nas transformações do narrador, dada mesmo a sua arbitrariedade, uma alusão crítica à ciência evolucionista da época, com referência inclusive às sensações de vida na morte, como está na anotação sobre a consciência de mobilidade no episódio da *Summa Theologica*, em que subjaz o mesmerismo tão cultivado por um Edgard Poe, por exemplo?

O próprio destino da viagem a que o narrador é arrebatado pelo hipopótamo aponta para aquela leitura alusiva: "à origem dos séculos". De fato, sem perceber o propósito da jornada, deixando-se "ir à ventura", o narrador marca a indiferença, afirmando: "Já agora não se me dá de confessar que sentia umas tais ou quais cócegas de curiosidade, por saber onde ficava a origem dos séculos, se era tão misteriosa como a origem do Nilo, e sobretudo se valia alguma coisa mais ou menos do que a consumação dos mesmos séculos"[13].

E tudo se traduz pelas imagens de desolação: entre a neve, a brancura da neve, e o silêncio (por onde passa a sombra de Pascal), Brás Cubas vê a redução do homem num processo inverso de evolução (que já se

13. *Idem*, p. 120.

revelara no diálogo com o hipopótamo acerca da passagem do Éden à tenda de Abrão): "dissera-se que a vida das cousas ficara estúpida diante do homem"[14].

É precisamente a partir daqui, isto é, a partir da leitura crítica do evolucionismo, que surge a figura central do delírio: natureza ou Pandora. A passagem é feita, todavia, sem grande interrupção, a não ser a imposta pelo silêncio: "Caiu do ar? destacou-se da terra? não sei; sei que um vulto imenso, uma figura de mulher me apareceu então, fitando-me uns olhos rutilantes como o Sol"[15].

É possível que toda esta parte do capítulo seja passada pela leitura que fez Machado de Assis das *Operette Morali*, de Leopardi, sobretudo do "Diálogo da Natureza e de um Islandês", como sugere Otto Maria Carpeaux[16], assim como não é descabido pensar na presença de Schopenhauer ou Pascal. Mais próximo e mais interno é reconhecer neste capítulo a transformação e a ampliação de uma metáfora que já se encontra num poema publicado dois meses antes, na mesma *Revista Brasileira*, intitulado "Uma Criatura", e depois incluído nas *Ocidentais*. E é a metáfora da natureza como conciliadora de contrários, alimentando-se da

---

14. *Idem*, p. 121.
15. *Idem, ibidem.*
16. Cf. "Uma Fonte da Filosofia de Machado de Assis", em *Vinte e Cinco Anos de Literatura*, Rio de Janeiro, Civilização Brasileira, 1968, pp. 48-52.

morte para possibilitar a vida e, por aí, permitindo a leitura de significados divergentes e contraditórios.

Nos cinco tercetos finais do poema (composto de oito tercetos e de um dístico final conclusivo em versos alexandrinos), é possível fisgar os elementos essenciais dessa metáfora, cujos estilhaços se espalham no capítulo das *Memórias*:

> Friamente contempla o desespero e o gozo,
> Gosta do colibri, como gosta do verme,
> E cinge ao coração o belo e o monstruoso.
>
> Para ela o chacal é, como a rola, inerme;
> E caminha na terra imperturbável, como
> Pelo vasto areal um vasto paquiderme.
>
> Na árvore que rebenta o seu primeiro gomo
> Vem a folha, que lento e lento se desdobra,
> Depois a flor, depois o suspirado pomo.
>
> Pois essa criatura está em toda a obra:
> Cresta o seio da flor e corrompe-lhe o fruto;
> E é nesse destruir que as forças dobra.
>
> Ama de igual amor o poluto e o impoluto;
> Começa e recomeça uma perpétua lida,
> E sorrindo obedece ao divino estatuto.
>
> – Tu dirás que é a Morte; eu direi que é a Vida[17].

17. Em *Poesias Completas*, Rio de Janeiro, Civilização Brasileira, 1976, pp. 447-448.

Não se trata aqui de mostrar qualquer paralelismo entre o poema e o capítulo das *Memórias*. Interessa antes apontar para o fato de que a concepção da natureza como "grande caprichosa" é afirmada diferentemente num e noutro caso, embora os termos utilizados sejam, por assim dizer, os mesmos.

Dessa maneira, por exemplo, a indiferença e a impassibilidade da natureza, que preenchem os três primeiros tercetos transcritos, ecoam na descrição do rosto da criatura que se encontra nas *Memórias*: "Só então pude ver-lhe de perto o rosto, que era enorme. Nada mais quieto; nenhuma contorção violenta, nenhuma expressão de ódio ou ferocidade; a feição única, geral, completa, era a da impassibilidade egoísta, a da eterna surdez, a da vontade imóvel"[18].

Do mesmo modo, o sentido destrutivo que está no último verso do quarto terceto é traduzido na fala da natureza em que se justifica a morte:

Não importa ao tempo o minuto que passa, mas o minuto que vem. O minuto que vem é forte, jocundo, supõe trazer em si a eternidade, e traz a morte, e perece como o outro, mas o tempo subsiste. Egoísmo, dizes tu? Sim, egoísmo, não tenho outra lei. Egoísmo, conservação. A onça mata o novilho porque o raciocínio da onça é que ela deve viver, e se o novilho é tenro tanto melhor: eis o estatuto universal[19].

---

18. *Op. cit.*, p. 122.
19. *Idem,* p. 123.

Onde está, no entanto, a diferença entre os dois textos, o do poema e o das *Memórias*? Está, sobretudo, em que, se no poema a metáfora é utilizada para fazer passar um significado – o caráter contraditório e, afinal, reconciliador da natureza, ao mesmo tempo vida e morte – através de um sujeito de enunciação que assume o saber da contradição, no capítulo das *Memórias* são articulados dois discursos, o de Brás Cubas, cujo paradigma é dado por uma interpretação da natureza de substrato romântico, e o da natureza que se opõe àquele pela afirmação do teor destrutivo e "caprichoso" que tanto deve a uma interpretação naturalista e evolucionista da história. Daí também a diferença de qualidade literária entre os dois textos: se no poema existe uma, por assim dizer, lição conciliatória que desfaz a intensidade de algumas (raras) imagens, jogando o texto para a vala comum do bom senso filosofante, no capítulo é precisamente a força da contradição (agora não apenas de significados, mas de discursos que se criticam mutuamente) que instaura um espaço de intervalo pelo qual o leitor experimenta a tensão vertiginosa, ou "delirante", das rupturas do discurso do narrador.

De fato, sob o ângulo do delírio e da sandice é possível ver a história como ininterrupto passar de "flagelos e delícias", em que nem a ciência nem a imaginação podem atuar como instrumentos de criação de intensidade. Eis o trecho notável: "A história do homem e da Terra tinha assim uma intensidade que lhe não podiam dar nem a imaginação nem a ciência, porque a ciência é mais lenta e a imaginação mais vaga, enquanto o que eu ali via era a condensação viva de todos os tempos"[20].

Sendo assim, entre a lentidão da ciência e a vaguidade da imaginação, está a condensação que só o delírio, a sandice ou o sonho podem proporcionar.

Aquilo que Brás Cubas vê em primeiro lugar, "formas várias de um mal, que ora mordia a víscera, ora mordia o pensamento"[21], termina por criar uma "figura nebulosa e esquiva, feita de retalhos, um retalho de impalpável, outro de improvável, outro de invisível, cosidos todos a ponto precário, com a agulha da imaginação"[22]. Sendo "a quimera da felicidade", não resta senão o vazio dos séculos históricos que preenche os últimos parágrafos do capítulo, em que se retoma a inútil viagem "à origem dos séculos" guiada pelo hipopótamo. Mas esta última visão é precedida pelo riso de Brás Cubas, um riso de desespero, "descompassado e idiota"[23] depois da primeira visão, e a fala com que se dirige à natureza ou Pandora é, ao mesmo tempo, de desafio e aceitação: "Tens razão, disse eu, a cousa é divertida e vale a pena – talvez monótona – mas vale a pena. Quando Job amaldiçoava o dia em que fora concebido, é porque lhe davam ganas de ver cá de

20. *Idem, ibidem.*
21. *Idem, ibidem.*
22. *Idem, ibidem.*
23. *Idem,* p. 124.

cima o espetáculo. Vamos lá, Pandora, abre o ventre, e digere-me; a cousa é divertida, mas digere-me"[24].

Digerido pela natureza, mas uma natureza "caprichosa" que inclui a volubilidade da história, e não somente a natureza espetáculo e positiva do paradigma romântico, o narrador pode entregar-se à "voluptuosidade do nada" através do delírio, da sandice ou do sonho, tecidos pela "agulha da imaginação". A mesma agulha que ao delírio, à sandice e ao sonho acrescenta agora um outro tecido: o próprio texto que se constrói a partir da volúpia lasciva do nada.

II

Do ponto de vista da narratividade, é possível dizer que, a partir do capítulo X, as *Memórias* assumem uma disposição diacrônica, indo desde o nascimento de Brás Cubas ao balanço final da existência no capítulo CLX.

Entretanto, são tão numerosas as interrupções e, mais do que isso, as voltas do texto sobre si mesmo, os deslocamentos e substituições entre narrador e leitor, enfim uma intensa intratextualidade, que a impressão que resulta é a da descontinuidade.

Acrescente-se a isso, e como aspecto fundamental, o fato de que os desdobramentos de enredo são de tal maneira proliferantes que a pergunta pelo entrecho nuclear que, de fato, dinamiza o leitor de ficção, aquela *reading*

---

24. *Idem, ibidem.*

for the plot, para usar expressão que intitula livro de Peter Brooks sobre o assunto[25], é desnorteante. Dir-se-ia que o narrador tudo resume e imanta, não fosse ele também sujeito de uma incessante mobilidade, negando ao leitor a tranqüilidade de uma perspectiva fixa e remansosa.

A esses traços gerais, que poderiam fazer pensar numa ausência de método de composição, acopla-se, no entanto, e ao contrário, um rigoroso plano narrativo que estabelece as relações precisas entre os capítulos, exigindo do leitor uma incessante releitura para que apreenda o método do autor, bem no sentido em que ele é descrito pelo narrador: "Que isto de método, sendo, como é, uma cousa indispensável, todavia é melhor tê-lo sem gravata nem suspensórios, mas um pouco à fresca e à solta, como quem não se lhe dá da vizinha fronteira, nem do inspetor de quarteirão"[26].

Exemplo desse rigor de composição, em que o espaço textual é de transformações de contextos de significado pela utilização de significantes que se repetem, ocorre no capítulo XI. Ali, tratando de suas relações de mando com Prudêncio, "um moleque de casa", o narrador assim descreve a utilização que dele fazia como "cavalo de todos os dias":

[...] punha as mãos no chão, recebia um cordel nos queixos, à guisa de freio, eu trepava-lhe ao dorso, com uma varinha

---

25. Cf. *Reading for the Plot. Design and Intention in Narrative*, Oxford, Clarendon Press, 1984.
26. *Op. cit.*, p. 126.

na mão, fustigava-o, dava mil voltas a um e outro lado, e ele obedecia – algumas vezes gemendo –, mas obedecia sem dizer palavra, ou, quando muito, um – "ai, nhonhô!" – ao que eu retorquia: – "Cala a boca, besta!"[27]

Ora, somente no capítulo LXVIII, "O Vergalho", é que a mesma expressão de mando reaparece, na boca do ex-escravo Prudêncio, que, agora liberto, castiga um escravo seu. Na verdade, não é uma repetição casual: a expressão de mando, exatamente aquela expressão, é o veículo de articulação entre a experiência do narrador enquanto criança e as reflexões do adulto acerca das compensações inventadas pelo homem para superar sofrimentos passados: "Agora, porém, que era livre, dispunha de si mesmo, dos braços, das pernas, podia trabalhar, folgar, dormir, desagrilhoado da antiga condição, agora é que ele se desbancava: comprou um escravo, e ia-lhe pagando, com alto juro, as quantias que de mim recebera"[28].

Para o leitor, por outro lado, se bem leu a expressão de mando, a sua percepção, depois de 57 capítulos, obriga à releitura a fim de que os significados veiculados possam ser absorvidos plenamente.

Dessa forma, entre os capítulos XI e LXVIII passa a existir uma solidariedade muito forte, de tal maneira que a expressão de mando, recobrindo os dois, traduz, no nível do significante, aquilo que, no nível do

---

27. *Idem*, p. 129.
28. *Idem*, p. 212.

significado, era expresso pelas designações dos capítulos: "o menino é pai do homem" passa a servir tanto para o narrador quanto para "o vergalho", sinédoque para "um moleque de casa". Mais interiormente, a reiteração do significante acentua o que há de repetitivo nas ações humanas, núcleo da ironia pessimista do narrador.

Por outro lado, a narração romanesca propriamente deixa perceber núcleos perfeitamente delimitados, embaralhados, é claro, pelas sinuosidades textuais.

Desse modo, é possível dizer que, a partir do capítulo X, que inicia a segunda parte das *Memórias* (observe-se que, no último capítulo, o narrador fala de uma primeira parte que se estende entre as mortes de Quincas Borba e a sua), distinguem-se os seguintes momentos: a aventura com Marcela, a experiência européia, a volta ao Brasil, a aventura com Eugênia, o encontro com Virgília, a separação de Virgília, o reencontro com Virgília, o aparecimento de Quincas Borba, o de Nhã-loló, a separação definitiva de Virgília, a presença de Quincas Borba e do humanitismo, a morte de Nhã-loló, o período de isolamento e de reflexões e o domínio da loucura.

Cada momento, entretanto, é atravessado por capítulos que cavam fundo na análise dos significados da experiência, criando espaços que serão preenchidos ou recuperados nos momentos seguintes. Aquilo que possibilita a análise, por outro lado, isto é, o próprio trabalho com a linguagem literária, opera de tal modo a descontinuidade que somente é possível extrair significados nas próprias articulações entre os momentos referidos. E isso, sobretudo, porque a descontinuidade não se dá apenas no plano temporal, mas envolve a retomada e a crítica da linguagem utilizada num capítulo e, depois, em outro, expandida.

Veja-se, por exemplo, o que ocorre entre os capítulos XIX e XV. Naquele, "O Primeiro Beijo", o início das relações do narrador com Marcela é proposto através de imagens emprestadas ao Romantismo, explicitamente assim afirmadas pelo narrador, imediatamente contrastadas ao Realismo – o que mimetiza o movimento de suas relações –, de tal modo que a passagem para o capítulo seguinte representa uma intensificação no sentido da degradação, por assim dizer, "capitalista", dos amores entre o jovem ingênuo e a mulher experiente. No capítulo XIV está dito:

> Ao cabo, era um lindo garção, lindo e audaz, que entrava na vida de botas e esporas, chicote na mão e sangue nas veias, cavalgando um corcel nervoso, rijo, veloz, como o corcel das antigas baladas, que o romantismo foi buscar no castelo medieval, para dar com ele nas ruas do nosso século. O pior é que o estafaram a tal ponto que foi preciso deitá-lo à margem, onde o realismo o veio achar, comido de lazeira e vermes, e, por compaixão, o transportou para os seus livros[29].

E, logo no início do capítulo XV, "Marcela", a transformação imagética, sendo uma alusão intratex-

---

29. *Idem*, p. 137.

tual, antecipa a mudança nas relações entre os dois: "Gastei trinta dias para ir do Rossio Grande ao coração de Marcela, não já cavalgando o corcel do cego desejo, mas o asno da paciência, a um tempo manhoso e teimoso"[30].

Entre o corcel e o asno, cria-se o espaço para que seja possível iniciar o capítulo XVII com a frase que representa o ápice da degradação do amor com que se tinham iniciado as relações entre Brás Cubas e Marcela: "... Marcela amou-me durante quinze meses e onze contos de réis; nada menos"[31].

Não é possível deixar de registrar, enfim, a reiteração das oposições referidas entre as linguagens do Romantismo e do Realismo que se realiza no capítulo seguinte, o XVIII, com a rememoração de uma cena das *Mil e Uma Noites*, que puxa o lado romântico e sonhador do narrador, a partir do olhar de Marcela, percebido por ele "como um escárnio" diante de promessas e juras de amor.

São, na verdade, mais do que oposições: são deslocamentos vertiginosos e que respondem pelo mal-estar e pela alucinação decorrentes do reencontro com Marcela, e que atravessam os capítulos XXXVIII, XXXIX, XL e XLI, em que a mulher, desfigurada pelas bexigas, mas sempre dona de um sentido prático e "capitalista", confunde-se, no último capítulo referido, com a

---

30. *Idem,* p. 139.
31. *Idem,* p. 142.

doce Virgília dos primeiros tempos, apontando tudo para a transitoriedade e o definhamento das paixões.

Vê-se, dessa maneira, como a descontinuidade temporal encontra o seu contraponto na intratextualidade, configurando-se como sucessivas retomadas e críticas da própria narrativa empreendidas pelo "defunto autor", como, aliás, ele faz questão de acentuar no famoso capítulo CXXXVIII, "A Um Crítico".

É precisamente esse tipo de procedimento que, a meu ver, responde por um dos aspectos fundamentais das *Memórias*: o jogo instável entre razão e loucura que imprime ao livro tanto o estilo ("e este livro e o meu estilo são como os ébrios, guinam à direita e à esquerda, andam e param, resmungam, urram, gargalham, ameaçam o céu, escorregam e caem"[32]) quanto o que há de vertiginoso nas proliferantes "teorias" e "idéias fixas" nas relações entre Brás Cubas e a realidade, de que o *humanitismo* de Quincas Borba é uma condensação e que encontra o seu desdobramento final e mortal na "idéia fixa" do emplasto.

Somente situando a escrita entre razão e loucura, tecida pela "agulha da imaginação" e, portanto, permitindo a convivência tensa e não excludente, é que Machado de Assis encontrou uma via de acesso possível, pela literatura, a uma realidade (bem localizada, note-se: o Brasil entre os primeiros anos e meados do século XIX) que, como sempre, não se deixaria ler apenas pelos esquemas racionais ou por sua negação.

---

32. *Idem*, pp. 214-215.

Entre uns e outros, a linguagem literária cria o intervalo de ficcionalidade que mantém a intensidade na leitura dos diferentes valores que o habitam. Por isso, não é viável, a meu ver, uma leitura parcial da "filosofia", ou da "psicologia", ou da "sociologia" – tudo entre aspas – que estariam no texto das *Memórias*: aquilo que se chama de humor ou ironia do livro não é senão a transformação em matéria verbal do que a época do narrador podia oferecer como espécies de "filosofia", "psicologia" ou "sociologia", ainda entre aspas. Neste sentido, são criações tanto quanto personagens, entrechos e situações: resultados do trabalho poético com a linguagem e não referenciais passivos ao tratamento retórico.

Por tudo isso, e como que retificando afirmação anterior, uma vez reconhecida a condição ficcional do texto, é possível tirar as aspas e dizer que a filosofia, a psicologia ou a sociologia das *Memórias* são tanto mais essas espécies de conhecimento quanto maior é o rigor com que Machado de Assis distendeu as próprias possibilidades de significação do poético, fazendo daquela instabilidade entre razão e loucura um modo de apreender, pelo delírio dos significantes, o que de delirante havia nos significados.

Em cada um dos momentos nucleares da narração referidos, a presença de tal procedimento empresta às reflexões uma coerência que supera o teor digressivo, à Sterne, mantendo, ao mesmo tempo, o que há de ziguezagueante na escritura das *Memórias*. Se não, vejamos alguns exemplos, obedecendo à diacronia narrativa.

O segmento em que trata da viagem à Europa, depois das frustrações de seu relacionamento com Marcela, é preenchido por um único capítulo, o XIX, "A Bordo", em que toda a reflexão de Brás Cubas, parecendo insistir no modo pelo qual conseguiu libertar-se das angústias da separação, centra-se, no entanto, na análise que faz da distância entre a experiência e a realização poética, usando, para isso, dos sofrimentos do capitão do navio diante da doença e morte da mulher e do modo pelo qual, do severo marujo, surge um homem sensibilizado por tudo o que faz a vida no mar e, mais ainda, cumprindo um roteiro de poeta capaz de compor "ode horaciana", sonetos, éclogas e, por fim, "um epicédio".

Aparentando completar-se pela realização poética, a experiência sofrida do capitão é, por assim dizer, degradada pelo uso sentimental que faz da poesia, a que as reflexões de Brás Cubas, ou melhor, o seu próprio modo de narrá-las, confere um teor irônico e destrutivo. É o caso, por exemplo, dos parágrafos em que narra e comenta as expressões do capitão depois da morte e sepultamento da esposa no mar:

> Enxugou com a manga uma lágrima importuna; eu busquei um derivativo na poesia, que era a paixão dele. Falei-lhe dos versos, que me lera, e ofereci-me para imprimi-los. Os olhos do capitão animaram-se um pouco. – Talvez aceite, disse ele; mas não sei..., são bem frouxos versos. Jurei-lhe que não; pedi que os reunisse e mos desse antes do desembarque.
>
> – Pobre Leocádia!, murmurou sem responder ao pedido. Um cadáver... o mar... o céu... o navio...

A VOLÚPIA LASCIVA DO NADA

No dia seguinte veio ler-me um epicédio composto de fresco, em que estavam memoradas as circunstâncias da morte e da sepultura da mulher; leu-mo com a voz comovida deveras, e a mão trêmula; no fim perguntou-me se os versos eram dignos do tesouro que perdera.

– São, disse eu.

– Não haverá estro, ponderou ele, no fim de um instante, mas ninguém me negará sentimento, se não é que o próprio sentimento prejudicou a perfeição...[33]

Atente-se para o que há de complexo, no que se refere ao jogo entre sentimento e poesia, na expressão melancólica do capitão, em que começa pela evocação do nome da mulher e termina pela enumeração de imagens ("um cadáver... o mar... o céu... o navio..."), por onde já antecipa a realização do epicédio que traz a Brás Cubas no dia seguinte.

Do mesmo modo, por todos os capítulos em que narra as experiências européias, seja na Universidade de Coimbra, "fazendo romantismo prático e liberalismo teórico"[34], seja nas obrigatórias peregrinações de turista pós-universidade, "fazendo poesia efetiva no regaço da Itália"[35] ou "em Veneza, ainda rescendente aos versos de Lord Byron"[36], intermediadas pelo capítulo XXI, "O Almocreve", com que acentua de forma sempre irônica e destrutiva, uma reflexão filosófica que antecipa

33. *Idem,* p. 149.
34. *Idem,* p. 150.
35. *Idem,* p. 153.
36. *Idem, ibidem.*

o humanitismo de Quincas Borba, passa um sentido de disponibilidade que, parecendo um enriquecimento reflexivo, na verdade intensifica, aos poucos, aquele traço hipocondríaco, "flor da melancolia", que vai roendo, por dentro, o modo de Brás Cubas relacionar-se com a realidade.

É o que se adensa, de modo exemplar, no capítulo XXV, "Na Tijuca", em que, a partir de uma frase de Shakespeare, vai-se completando o que já estava no capítulo "O Delírio": "Apertava ao peito a minha dor taciturna, com uma sensação única, uma cousa a que poderia chamar volúpia do aborrecimento. Volúpia do aborrecimento: decora esta expressão, leitor; guarda-a, examina-a, e se não chegares a entendê-la, podes concluir que ignoras uma das sensações mais sutis desse mundo e daquele tempo"[37].

Entre a ânsia de nomeada e a hipocondria, ambas responsáveis pela "idéia fixa" do emplasto, a "volúpia do aborrecimento", assim como a do nada, expressa pela natureza ou Pandora, responde pela atividade dispersiva de Brás Cubas que se metamorfoseia em capitalista, jornalista, deputado, e escritor das *Memórias*.

O que é notável, no entanto, é que isso não se reduz aos planos temáticos, mas encontra o seu correlativo na própria composição das *Memórias*. É o caso, por exemplo, de como, no capítulo XXVI, a hesitação diante da proposta paterna de um casamento e de uma carreira política, encontrando Brás Cubas entre-

---

37. *Idem*, p. 157.

gue àquela "volúpia do aborrecimento", é traduzida, em termos significantes, pela sugestão do nome de Virgília, a partir dos versos iniciais da *Eneida*, num processo de criação em que os movimentos descuidados da escrita respondem às incertezas e disponibilidades do narrador, ao mesmo tempo em que acentuam o acaso vertiginoso das ações humanas.

A interrupção que ocorre em seguida, a partir do capítulo XXIX, encapsulando outras interrupções, em que se destaca a meditação alegorizante acerca da cor no capítulo XXXI, "A Borboleta Preta", é todo um segmento romanesco e diz respeito ao modo irresponsável e brutal com que o narrador estabelece relações com Eugênia, cuja designação, "a flor da moita", faz repercutir a essência daquilo que está no capítulo XII, em que se conta a vingança do narrador ao tornar público o beijo trocado entre Vilaça e Dona Eusébia, mãe de Eugênia, que tinham "penetrado numa pequena moita"[38].

Vê-se, desse modo, como a relação entre capítulos distanciados é alcançada por meio da exploração das possibilidades verbais – no caso anterior, a expressão "flor da moita" é mesmo o que resultou das ligações clandestinas entre Vilaça e Dona Eusébia, traduzindo, ironicamente, a coxa Eugênia – e não apenas por confluências temáticas. Ou, dizendo melhor: entre umas e outras, a dependência é de tal ordem que o leitor só alcança a totalidade do significado do capítulo posterior uma vez relido o anterior e vice-versa.

---

38. *Idem*, p. 135.

Por outro lado, a alegoria que está no capítulo XXXI, e que termina pela observação de que, se não fosse preta, a borboleta, talvez azul ou laranja, "não era impossível que eu a atravessasse com um alfinete para recreio dos olhos"[39], mesmo assim terminando com a observação "creio que para ela era melhor ter nascido azul"[40], só é inteiramente percebida se vinculada ao defeito físico de Eugênia – o que faz o capítulo escapar da caracterização pelo leitor, apesar do autor, de "uma sensaboria ou se chega a empulhação"[41], conforme anota o próprio narrador no capítulo seguinte.

Enfim, por todos esses capítulos, passa uma meditação sobre o determinismo, seja no que se refere à cor da borboleta, seja no que diz respeito ao defeito físico de Eugênia, "coxa de nascença", encontrando a sua plena realização textual nas últimas frases do capítulo XXXV, nas quais a construção anafórica imperativa articula razão e delírio: "Vinha dizendo a mim mesmo que era justo obedecer a meu pai, que era conveniente abraçar a carreira política... que a constituição... que a minha noiva... que o meu cavalo..."[42]

Do capítulo XXXVII, em que a expressão que o intitula – "Enfim!" – é um comentário intratexto aos vários aparecimentos e desaparecimentos da personagem feminina central das *Memórias*, até o CXIV, em que o

---

39. *Idem*, p. 166.
40. *Idem, ibidem*.
41. *Idem*, p. 167.
42. *Idem*, p. 171.

título "Fim de Um Diálogo" retoma o famoso diálogo sem palavras do capítulo LV, "O Velho Diálogo de Adão e Eva", pode-se dizer que esta é a parte central, do ponto de vista romanesco, das *Memórias*.

De fato, é aqui que ocorrem o conhecimento de Virgília, a sua perda para Lobo Neves, a morte do pai (com a fixação definitiva, através da herança, de Brás Cubas como capitalista), o reencontro com Virgília e o aprofundamento de suas relações, o encontro com Quincas Borba, a ida frustrada do casal Lobo Neves para uma presidência de província, o reaparecimento de um Quincas Borba travestido de filósofo (e capitalista, graças a uma herança suposta por Brás Cubas), a gravidez frustrada de Virgília, o aparecimento de Nhã-loló e, por fim, o término das relações com Virgília.

Atravessada por catálises reflexivas que dão sempre na mencionada proliferação de "teorias" ou "filosofias", invariavelmente estabelecidas a partir de um humor cáustico, dentre as quais avultam a retomada da "teoria das edições humanas", a da "solidariedade do aborrecimento humano", a da ponta do nariz, a da "equivalência das janelas", a das pernas, a do vergalho, a do bibliômano, a de botânica, a de geologia moral, a da relação entre a natureza e a indumentária feminina etc., o que domina é o sentido de frustração que corrói todos os segmentos romanescos e que vai arrastar o narrador, na parte seguinte, para o contraponto com o humanitismo de Quincas Borba.

Mas é a partir daqui também que vai ficando claro um aspecto fundamental na composição das *Memórias*:

à medida que, um a um, os acontecimentos vão levando o narrador para a frustração e a inutilidade (veja-se como, depois de tudo tentado, a sua fase mais brilhante é a em que atua como irmão da Ordem Terceira!), as *Memórias* tendem a acentuar o valor da própria textualidade como espaço em que se pode gozar, ao menos, de um instante de criação verdadeira e, por aí, de liberdade.

Nesse sentido, pode-se dizer que o livro vai expondo uma dialética essencial: quanto mais Machado de Assis cava fundo na inutilidade de procurar uma coerência por entre os significados delirantes do Brasil de seu tempo, do tempo do narrador, mais se afirma a volúpia da própria escritura que aponta para um momento fugaz de resolução entre as flores da melancolia e as da nomeada, de que não fora capaz o emplasto enquanto "idéia fixa". Não será exagero, por isso, ver na realização das *Memórias*, enquanto espaço textual, um sinônimo da criação efetiva do verdadeiro emplasto Brás Cubas. Uma espécie de vingança, pela literatura, contra um estado de coisas que desorienta o narrador e que ele, por exemplo, anota no capítulo CIX: "Esse puxar e empuxar de cousas opostas desequilibrava-me; tinha vontade de embrulhar o Quincas Borba, o Lobo Neves e o bilhete de Virgília na mesma filosofia, e mandá-los de presente a Aristóteles"[43].

Esse desequilíbrio experimentado pelo narrador encontra sempre, na composição das *Memórias*, uma maneira de ser compensado, e não apenas embrulhando

---

43. *Idem*, p. 257.

tudo na "mesma filosofia": a construção de um tecido literário pela "agulha da imaginação", que, ao se expor como criação literária rigorosa, articula os significados de razão e loucura, que, basicamente, desorientam o narrador. Não se trata, frise-se bem, da expressão de uma "filosofia" (entre aspas) que venha a se opor, pelo pessimismo, pela ironia ou pelo humor utilizados pelo narrador, a significados que o desequilibram. Se assim fosse, a única opção seria uma leitura filosofante do livro, por onde, por um lado, perder-se-ia toda a tensão poética, quer dizer, criativa, que o enforma, e, por outro, como acontece com freqüência, o que restaria seriam resíduos de uma filosofia de segunda mão, destituídos de maior interesse para a literatura. Creio que os exemplos de realização anteriores já apontam nessa direção, isto é, na direção de uma forte interdependência entre a criação literária e os valores (sociais, psicológicos, filosóficos ou históricos) que são por ela veiculados.

De qualquer modo, é possível que a leitura do capítulo LXXXVII, "Geologia", ajude a completar essa noção, para mim, básica.

Trata-se do capítulo em que, refletindo sobre a morte do avarento Viegas e das esperanças que o casal Lobo Neves nutria com relação a alguma herança possível, Brás Cubas aponta para a complexidade de caráter de Lobo Neves, em quem, segundo ele, "havia [...] certa dignidade fundamental, uma camada de rocha, que resistia ao comércio dos homens"[44]. Desde o

---

44. *Idem*, p. 233.

início do capítulo, no entanto, há um comentário de ordem intratextual que serve de passagem para o que, em seguida, se dirá. É que, considerando as camadas superficiais do caráter de Lobo Neves, há a utilização de uma imagem que já fora expressa no capítulo XXIII, em que a vida é comparada a um enxurro, agora, entretanto, acrescida de um adjetivo: "perpétuo". O que dá oportunidade ao comentário do narrador: "E Deus sabe a força de um adjetivo, principalmente em países novos e cálidos"[45]. Ora, é exatamente essa instabilidade, reconhecida no uso do adjetivo em terras tropicais, que vai ser o objeto de análise do capítulo, referida ao que há de relativo na probidade de ordem pessoal. Observe-se, todavia, como esta análise é encaminhada:

Digo apenas que o homem mais probo que conheci em minha vida foi um certo Jacob Medeiros ou Jacob Valadares, não me recorda bem o nome. Talvez fosse Jacob Rodrigues; em suma, Jacob. Era a probidade em pessoa; podia ser rico, violentando um pequenino escrúpulo, e não quis; deixou ir pelas mãos fora nada menos de uns quatrocentos contos; tinha a probidade tão exemplar que chegava a ser miúda e cansativa. Um dia, como nos achássemos a sós, em casa dele, em boa palestra, vieram dizer que o procurava o Doutor B., um sujeito enfadonho. Jacob mandou dizer que não estava em casa.

– Não pega, bradou uma voz do corredor; cá estou de dentro.

---

45. *Idem, ibidem.*

E, com efeito, era o Doutor B., que apareceu logo à porta da sala. Jacob foi recebê-lo, afirmando que cuidava ser outra pessoa, e não ele, e acrescentando que tinha muito prazer com a visita, o que nos rendeu hora e meia de enfado mortal, e isto mesmo, porque Jacob tirou o relógio; o Doutor B. perguntou-lhe então se ia sair.

— Com minha mulher, disse Jacob.

Retirou-se o Doutor B. e respiramos. Uma vez respirados, disse eu ao Jacob que ele acabava de mentir quatro vezes, em menos de duas horas: a primeira, negando-se; a segunda, alegrando-se com a presença do importuno; a terceira, dizendo que ia sair; a quarta, acrescentando que com a mulher. Jacob refletiu um instante, depois confessou a justeza da minha observação, mas desculpou-se dizendo que a veracidade absoluta era incompatível com um estado social adiantado, e que a paz das cidades só se podia obter à custa de embaçadelas recíprocas... Ah! lembra-me agora: chamava-se Jacob Tavares[46].

É claro que o capítulo, partindo de observações de natureza psicológica sobre Lobo Neves, termina por ser uma meditação não apenas filosófica, mas histórica e social, sobre a necessidade daquelas pequenas mentiras, ou "embaçadelas recíprocas", como prefere o narrador, que restauram o equilíbrio da sociedade. É tudo isso, sem dúvida. Mas é, sobretudo, a eficácia com que o autor consegue deixar passar, na insegurança do próprio nome do "homem mais probo" que conheceu em sua vida, o sentido da incerteza e da instabili-

---

46. *Idem,* p. 234.

dade que confere ao capítulo a resistência poética, criativa, que ele possui e pela qual é possível ler mais intensamente aqueles valores filosóficos, sociais e históricos da meditação do narrador.

Observe-se ainda que somente ao configurar aquela camada superficial do caráter de Jacob, assim como insinuara para Lobo Neves, é que o nome é rememorado: "Ah! lembra-me agora: chamava-se Jacob Tavares". Quer dizer: tanto a proliferação dos adjetivos possíveis quanto a incerteza do nome próprio traduzem textualmente a instabilidade social e histórica, dando à reflexão filosófica uma consistência literária que, deste modo sim, passa a ter interesse para a literatura.

Esse procedimento, núcleo daquela dialética essencial já referida, isto é, a de um direcionamento para a própria literariedade, à medida que um sentido ruinoso vai-se apoderando dos segmentos romanescos das *Memórias*, não faz senão se acentuar a partir do desenlace das relações do narrador com Virgília.

Na verdade, a partir do capítulo CXV, aquele que segue ao "Fim de Um Diálogo", não obstante o aceno frustrado de um casamento com Nhã-loló, encerrado com a morte da moça, e das tentativas jornalística e política, o movimento das *Memórias* é marcado pela liquidação: morte de Lobo Neves, morte de Dona Plácida, morte de Marcela, decadência de Eugênia, morte de Quincas Borba etc. Embora ainda recorram algumas "teorias", como a "filosofia das folhas velhas", "o princípio de Helvetius", a "teoria do benefício" ou a "filosofia dos epitáfios", todas expressões de decadência ou saudosismo, essa parte final do livro é dominada, sobretudo, pelo humanitismo, traduzindo-se, às vezes, em fracassos ou ridículos de aplicação prática, como o projeto de "diminuir a barretina da guarda nacional", ou em demonstrações casuais de sua aplicabilidade, como a cena dos cães em luta ou o "orgulho da servilidade" – título do capítulo CLVI.

De fato, o humanitismo de Quincas Borba é uma ampliação grotesca do desnorteamento do narrador, sacudido por entre "idéias fixas" que buscam, através de uma natureza "grande caprichosa", explicar a história, "eterna loureira". Não é sem coerência, por isso, que o filósofo do humanitismo desconfie da sanidade mental do narrador: a transformação da própria filosofia em método de "revolução social religiosa e política, que transferisse o arcebispo de Cantuária a simples coletor de Petrópolis"[47], como surge num desvario de Brás Cubas, por contaminação, instaura, no capítulo CLIII, a via de discussão, que, na verdade, é uma retomada dos capítulos iniciais das *Memórias*, acerca dos limites entre a razão e a loucura.

Brás Cubas parece saber que essa é uma discussão sem fim: no importante capítulo CXXVII, "Formalidade", entre o espírito e a letra, a sua opção é pela letra: "A razão é que, ao contrário de uma velha fórmula absurda, não é a letra que mata: a letra dá vida; o espírito é que é objeto de controvérsia, de dúvida, de interpretação, e conseguintemente de luta e de morte"[48].

47. *Idem*, p. 298.
48. *Idem*, p. 276.

Está, assim, preparado o terreno para que possa surgir o grande paradoxo final do livro: o nada como saldo, como livro, que é tanto machadiano quanto flaubertiano (basta pensar em *Bouvard et Pécuchet*) ou mallarmiano. Livro no qual nada é sério porque o mais sério é o nada.

Nesse sentido, escrevendo as suas *Memórias Póstumas*, o romântico Brás Cubas, pela mão do moderno Machado de Assis, abria as portas do futuro para as *Memórias Sentimentais* do modernista Oswald de Andrade. Começava a nossa tradição de rigor.

UMA INTRODUÇÃO A JOSÉ VERÍSSIMO

Creio que a melhor maneira de introduzir o leitor de hoje a estes textos[1] de José Veríssimo é começar por uma pergunta direta, incisiva: qual a importância do crítico no quadro das nossas idéias acerca da literatura? É claro, por outro lado, que esta questão implica procurar responder ao modo pelo qual é ainda possível ler o autor, vale dizer, enfrentar a discussão de sua relevância enquanto crítico da literatura situado num momento específico da história das idéias no Brasil e, como conseqüência, a permanência ou não de sua obra.

1. Refiro-me aos textos coletados no livro *José Veríssimo. Teoria, Crítica e História Literária*, seleção e apresentação de João Alexandre Barbosa, Rio de Janeiro-São Paulo, LTC-Edusp, 1978, para o qual foi escrita, originalmente, esta introdução.

Na verdade, é possível dizer que toda leitura histórica termina apontando para as questões referidas: situado num certo ponto da evolução literária, o leitor procura estabelecer com o texto do passado uma relação de delicada duplicidade em que, por um lado, a consciência do passado força a compreensão dos limites e possibilidades de época e, por outro, a contemporaneidade do leitor exige do texto uma resistência capaz de suportar a releitura. Mantida a tensão entre esses dois vetores da leitura histórica, é possível escapar de dois riscos freqüentes: o anacronismo da imposição de modelos de leitura cegos para as circunstâncias de cultura que marcaram o aparecimento da obra num determinado momento da evolução da série literária e, talvez ainda pior, a posição emoliente que consiste em considerar o texto de uma perspectiva, por assim dizer, arqueológica.

Entre o anacronismo e a arqueologia, o leitor deve buscar o sentido da relação que, no texto, funde sincronia e diacronia na configuração daquilo a que gostaria de chamar de historicidade: a condição do texto literário enquanto ser da linguagem necessariamente inserto no tempo. Mas, assim como é possível dizer que existem, coexistem na obra dois espaços – aquele que a obra incorpora e aquele que ela instaura a partir de sua organização específica –, é também razoável pensar que o tempo da obra só se define na medida em que a leitura permite compreender o vigor das relações entre estrutura e sentido, isto é, aquilo que é organização de linguagem e aquilo que, fundado nesta organização, amplia as possibilidades de leitura, estabelecendo o modo pelo qual se passa da obra como realidade para a realidade da obra. Quando falo em historicidade, portanto, estou menos preocupado com aquilo que é história no texto que com o modo pelo qual foi possível estabelecer as condições para a internalização da história no texto. Dizendo de outro modo: a historicidade é, para mim, o processo de formalização da história que é sempre possível ler no texto literário.

Desse modo, a leitura que se propõe de José Veríssimo deve levar em conta, simultaneamente, a posição de seus textos dentro do contexto histórico-cultural, neste caso permitindo uma abordagem ampla da série literária, e a especificidade de sua resposta aos problemas e questões com que se defrontava.

Trata-se, na verdade, de estabelecer correlações entre as possibilidades e os limites com que tinha de se haver o intelectual brasileiro entre as últimas décadas do século XIX e as primeiras do XX. São precisamente estas correlações que vão marcar o grau de relevância do esforço desempenhado pelo escritor no sentido de encontrar a sua própria linguagem, isto é, a maneira individual de articular a diacronia de suas experiências e a sincronia de seu texto.

É claro que ao leitor não deve ter passado despercebido o fato de que não tenho fixado uma distinção entre o escritor enquanto criador de textos e o crítico: sendo a crítica uma metalinguagem, não vejo por que não considerar, antes de mais nada, o texto crítico como uma articulação da experiência (ainda que de outros textos, embora jamais desligada da vida, ou por isso mesmo!) que se realiza pelo trabalho de decifração e recifração da linguagem.

Todavia, é necessário não esquecer o fato: a crítica, tal como era pensada no momento em que José Veríssimo exerceu sua atividade, ainda não havia atingido o nível de especialização (contraditório com relação ao que se tem afirmado do sentido criador da atividade crítica!) que ela tem em nosso tempo. Por outro lado, contudo, os modelos europeus que eram as fontes de nossa atividade intelectual já propunham a especialização, na medida em que o crítico era visto não apenas como um intérprete de obras alheias, mas ainda como um orientador, exercendo uma tarefa, por assim dizer, didática com relação ao seu espaço sociocultural. Aliás, uma das características maiores de José Veríssimo foi exatamente estabelecer, no espaço brasileiro, as condições para que o exercício da crítica pudesse ter uma feição mais estrita, buscando fugir do estado de indeterminação que o caracterizava em alguns de seus predecessores.

Existe, entretanto, ainda uma outra circunstância capaz de justificar minha insistência no texto crítico enquanto texto literário: no caso específico de José Veríssimo, a configuração do crítico literário somente veio depois de uma experiência criadora que, se julgada em relação à obra posterior parece menor, não foi, contudo, elemento de pouca importância na sua formação intelectual.

De fato, a publicação das *Cenas da Vida Amazônica*, em 1886, demonstra claramente o modo pelo qual a ficção era pensada como instrumento de apreensão cultural, bem na esteira do realismo-naturalismo em que se formara o autor. Entre a etnografia e o conto, estava o jovem autor buscando maneira de identificar o espaço brasileiro em que existia. Mais tarde, tanto uma como o outro vão ceder lugar ao crítico literário: seguir esse roteiro é buscar compreender a evolução de sua obra.

Essa evolução oferece, a meu ver, três fases distintas: a que corresponde à atividade provinciana do autor, de 1878 a 1890; a que define sua participação na vida intelectual do Rio de Janeiro, quer como crítico literário quer como professor e editor, de 1891 a 1900; e, finalmente, aquela em que reúne os seus textos em livros e escreve a *História da Literatura Brasileira*, publicada no mesmo ano de sua morte, 1916.

A cada momento, vincula-se uma espécie de opção intelectual que vai marcando o modo de exercer a crítica, e se, na última fase, por exemplo, o leitor encontra um autor caracterizado pela consciência da especialização de sua atividade, este traço não está desligado de toda uma modificação na maneira de ver e relacionar-se com a cultura brasileira.

Vejamos, em seguida, como podem ser caracterizadas cada uma das fases mencionadas em relação ao projeto crítico de José Veríssimo.

Em seus inícios, a obra de José Veríssimo está profundamente vinculada às transformações de gosto e mentalidade que começam a surgir no Brasil por volta de 1870.

Na verdade, datam dessa época os primeiros sintomas efetivos de uma ampla modificação na maneira de ver e discorrer sobre o país e que, em seu conjunto, haverá, mais tarde, de ser definido pelo próprio Veríssimo como "o modernismo" de nossa evolução literária e cultural.

Na obra do autor, essa é uma fase sobretudo empenhada em concorrer também para a modificação na maneira de refletir sobre o Brasil. O resultado desse empenho foram as obras que publicou em 1878, 1886, 1889 e 1890 – as *Primeiras Páginas*, as *Cenas da Vida Amazônica*, os *Estudos Brasileiros* e *A Educação Nacional*, respectivamente – e a criação e direção, entre 1883 e 1884, da *Revista Amazônica*. Todas elas marcadas pelo desejo explícito de tomar parte efetiva no movimento de renovação que se inicia, sobretudo, a partir de 1870.

Para a compreensão do autor, parece-me fundamental a articulação entre a sua formação e o que se convencionou chamar, na história das idéias no Brasil, "geração de 70".

Na verdade, essa articulação, embora quase sempre desprezada pelos que escreveram sobre Veríssimo, fazendo-se ressaltar apenas a sua condição de intelectual *fin-de-siècle*, é básica para que se possa melhor compreender o tipo de evolução de sua atividade, assim como as modificações a que foi submetendo o seu modo de pensar e discutir os problemas literários.

Sua primeira obra publicada – *Primeiras Páginas* – mostra, de modo cabal, esse tipo de articulação. Na verdade, a data de seu aparecimento, 1878, coincide com o amadurecimento daquele processo de transformações assinalado, constituindo mesmo o segundo termo de um decênio (1868-1878) que, segundo Sílvio Romero, foi "o mais notável de quantos no século XIX constituíram a nossa vida espiritual"[2]. É, pois, dentro dele que temos de considerar e compreender a publicação das *Primeiras Páginas* de José Veríssimo. Obra que, a meu ver, não tem apenas, como afirma Francisco Prisco, "o mérito da prioridade"[3]. Mesmo porque, com exceção apenas da primeira parte, foi toda ela republicada, pelo autor, em livros posteriores.

Sendo assim, os "Quadros Paraenses", conjunto de seis curtas narrativas acerca de hábitos, tipos e formas de vida amazônicos, foram anexados, como apêndice intitulado de "Esbocetos", às *Cenas da Vida Amazônica*, acompanhando a obra nas edições subseqüentes. Já a terceira parte do livro, "Estudos", compreendendo os ensaios "As Raças Cruzadas do Pará – Sua Linguagem, Suas Crenças e Seus Costumes" e "A Literatura Brasileira – Sua Formação e Destino (Relance)", foi posteriormente deslocada para duas obras diferentes do autor.

O ensaio etnográfico haveria de servir de introdução ao livro de contos de 1886, sob o título de "As Po-

---

2. "Explicações Indispensáveis", em Tobias Barreto, *Vários Escritos*, Rio de Janeiro, Edição do Estado de Sergipe, 1926, p. xxvi.
3. Cf. *José Veríssimo: Sua Vida e Suas Obras,* Rio de Janeiro, Bedeschi, 1937, p. 14.

pulações Indígenas e Mestiças da Amazônia", depois de republicado na *Revista Amazônica*, em 1884, trazendo a seguinte nota de rodapé: "Este trabalho, pequena contribuição para o estudo da psicologia do povo brasileiro, apareceu pela primeira vez sob o título de 'As Raças Cruzadas do Pará', nas *Primeiras Páginas*, livro publicado pelo autor em 1878. Hoje sai não só muito aumentado e modificado, mas inteiramente refundido e correto"[4]. No ano anterior, todavia, e no mesmo periódico, em nota de rodapé ao artigo "A Linguagem Popular Amazônica", escrevia José Veríssimo: "Este artigo pertence a um estudo que servirá de introdução ao livro inédito do autor, *Cenas da Vida Amazônica*"[5].

Mais tarde, completá-lo-ia com o ensaio esboçado na obra de 1878 e refundido na revista de 1884. Eram sinuosidades e indecisões de quem, ainda por essa época, não encontrara o seu verdadeiro caminho de escritor, oscilando entre a crítica etnográfica e a criação ficcional, que, em grande parte, respondia ao mesmo tipo de preocupação que fundamentava a primeira.

Outro exemplo disso é a nota à margem do ensaio "A Religião dos Tupi-Guaranis", publicado na *Revista Brasileira,* em 1881, e por onde se percebem as ambições etnológicas do autor: "Este artigo faz parte de

4. *Cenas da Vida Amazônica: Com um Estudo sobre as Populações Indígenas e Mestiças da Amazônia. Primeiro Livro,* Lisboa, Livraria Editora de Tavares Cardoso & Irmão, 1886, p. 69.
5. *Revista Amazônica,* Pará, Ano I, 1(2):48, abr. 1881.

uma coleção de estudos críticos inéditos, que se publicará sob o título de *Estudos e Ensaios de Etnografia do Brasil*"[6].

O livro prometido não chegaria a ser publicado, e o ensaio seria incluído nos *Estudos Brasileiros*, de 1889[7], o mesmo ocorrendo com o outro escrito, constituinte da terceira parte das *Primeiras Páginas*: "A Literatura Brasileira – Sua Formação e Destino (Relance)", que viria a ser o estudo inicial da obra de 1889, se bem que abundantemente anotado pelo autor, quase sempre no sentido de corrigir opiniões expostas mais de dez anos antes. Mais do que correções; rejeições. Por onde se pode observar o cuidado do autor, em 1889, no sentido de francamente mostrar a superação de teses anteriormente defendidas ou vícios de informação, agora abandonados por uma erudição mais apurada. Assim, por exemplo, quando, ao tratar dos elementos étnicos formadores da nacionalidade brasileira, referia-se ao negro africano nos seguintes termos: "Um terceiro elemento étnico veio, passados tempos, trazer-nos um fatal contingente. Falamos do elemento africano. Foi o pior dos que tivemos"[8].

Isto no texto primitivo, o de 1878. Nos *Estudos Brasileiros* está a nota de rejeição: "Fui profundamen-

---

6. *Revista Brasileira*, Rio de Janeiro, N. Midosi Editor, Ano III, IX:69, 1º de julho de 1881.
7. *Estudos Brasileiros [1885]*, Pará, Editores Tavares Cardoso & Cia., 1889, pp. 95-109.
8. *Op. cit.*, p. 10.

te injusto com a raça negra, na qual tenho antepassados. Ela é porventura superior à indígena e prestou ao Brasil relevantes serviços [1889]"[9].

Vê-se, desse modo, como as *Primeiras Páginas* de Veríssimo foram diluídas em livros publicados oito e onze anos depois. Com exceção apenas das "Viagens no Sertão", primeira parte da obra, correspondendo a dois textos narrativos – "Visita a Monte Alegre" e "Do Pará a Óbidos" –, estampados primeiramente como folhetins no *Liberal do Pará*, em março e abril-maio de 1877, respectivamente.

Assim, não se pode falar, como se tem feito, em rejeição, pelo autor, de seu primeiro livro, uma vez que, em sua grande maioria, os textos que ele encerra foram reeditados em obras posteriores. Apesar de todas as reservas que se possam fazer ao livro, e mesmo sem esquecer o que há de secundário na obra, sobretudo se julgada em comparação com o que há de fundamental em livros escritos mais tarde, é possível ir extraindo alguns elementos que sirvam para marcar o processo de formação da obra de José Veríssimo, em trechos que evidenciam sua articulação, com o momento de modificações que vivia o país.

Para a caracterização estritamente literária, o último ensaio da obra, aquele que trata da formação e destino da literatura brasileira, é, sem dúvida, o mais importante. Todavia, é preciso não esquecer que, se visualizada como uma totalidade de projetos e princípios

---

9. *Idem, ibidem.*

culturais, a obra deve ser encarada na perspectiva de um autor ainda incerto em seus objetivos e que, por isso mesmo, fazia uso, simultaneamente, de esquemas ficcionais e etnográficos, ao lado de crítica histórica e literária.

Assim, por exemplo, as seis curtas narrativas que compõem os "Quadros Paraenses" estão, todas, permeadas pelo espírito de investigação e anotações objetivas que respondiam ao desejo de construir, com o auxílio da imaginação voltada para a realidade, um esquema da vida rotineira das populações amazônicas. Que o autor estava consciente de haver tratado os seus temas de modo a contrariar o romantismo de quase toda a produção ficcional ainda realizada por essa época (*O Sertanejo*, de José de Alencar, é de 1875), isto parece ficar claro pela leitura da nota que, no fim do volume, acrescentou aos "Quadros Paraenses": "[...] talvez se ache também estes quadros demasiadamente realistas. Além de acreditar que só há verdade no realismo, o gênero destas composições exigia que eu seguisse essa escola [...]"[10]

Sem desprezar, pois, o que em tais textos serve como elementos de caracterização da obra inicial do autor – elementos dispersos e que somente associados a outros mais claramente articulados podem dar a medida de sua importância – é, na verdade, no último ensaio do livro que se encontram melhor definidos os princípios que norteavam sua atividade.

---

10. *Op. cit.*, p. 232.

O ensaio é uma tentativa de síntese da evolução literária no Brasil até a data de sua realização, com ênfase no processo de formação e diferenciação de nossa literatura. Com este objetivo, o texto é dividido em duas partes.

Na primeira, tecendo considerações acerca da poesia, da crítica, do romance e do teatro, o autor é levado a afirmar a escassa originalidade de nossa produção literária, explicando-a, sobretudo, pela inconsciência dos escritores brasileiros no que se refere à missão social das letras. A seu ver, a ausência de uma tradição, de uma língua e de uma educação elaborada à base das novas circunstâncias americanas seria responsável pela desorientação das letras brasileiras com relação aos destinos da nacionalidade.

No entanto, exatamente porque nos faltaram os elementos essenciais sobre os quais esta se poderia estruturar é que a literatura deveria ter assumido um papel relevante de veículo catalisador, enfeixando, em suas produções, aqueles dados de cuja ausência se ressentira nossa formação cultural. Em síntese, o que Veríssimo apontava como o mais grave sintoma de uma formação desordenada era, como ele mesmo afirma, "o espetáculo de um país novo com todos os vícios das sociedades decadentes [...]"[11]

Dentro desse quadro desolador,

---

11. *Op. cit.*, p. 2.

à literatura [segundo ele] cabia o papel de, pelo estudo profundo do passado, levantar o espírito nacional, tão precocemente abatido, por uma forte reação contra o presente. Aí estava, porém, a ignorância popular engendrando o nenhum amor à leitura e obrigando os nossos literatos, a quem não faltava talento, nem vontade talvez, a mentirem à sua vocação e a escreverem somente de modo a poderem ser lidos e benquistos de leitores ignorantes e sem gosto, para não verem seus livros comidos pelas traças nas estantes das livrarias; a pseudocrítica que lê primeiro o nome do autor do que o título da obra e indaga-lhe da posição oficial que ocupa antes de estudar-lhe o livro[12].

Vê-se, assim, como José Veríssimo não distinguia a debilidade da produção literária da maneira pela qual esta era considerada pela crítica. Ao contrário, de acordo com ele, à crítica que então se praticava se devia, em grande parte, o que de secundário caracterizava a nossa produção literária. É neste sentido que afirma em seguida:

À crítica, modelada ainda pelos estilos horacianos e quintilianescos, arrebicada, insciente, cheia de conveniências e adulações, que tem dominado sempre o nosso pequeno movimento literário, deve a nossa literatura o vazar-se ainda hoje nos moldes acanhados das concepções sem idéias [falamos da poesia], dos versos, aliás brilhantes, de um lirismo estafado e convencional, que só tem de notável a exuberância de formas sensuais, se assim podemos dizer, que lhe em-

---

12. *Op. cit.*, pp. 2-3.

presta o sangue do mestiço, a riqueza luxuriante da natureza e o sol do Equador[13].

A partir desse texto, e ilustrando suas teses com observações de Teófilo Braga e Goethe, observações que coincidem em apontar as limitações de um lirismo de cunho estritamente subjetivo, José Veríssimo postula a necessidade de conferir à própria poesia uma feição social que a liberte do subjetivismo, o qual, segundo suas próprias palavras, "morreu condenado pela crítica, ou melhor, pela razão"[14]. Nesse sentido, vale a pena transcrever o texto em que oferece a nova concepção da poesia e do poeta como elementos intimamente relacionados à organização social: "A poesia é hoje objetiva, isto é, tem um fim, uma missão. O poeta deixou de ser um moço de fronte pálida, tísico, anêmico, a chorar um amor infeliz e maldizendo do mundo que o não compreende; não, o poeta tem também um papel social a desempenhar; é um indivíduo, é um cidadão"[15].

Sendo assim, examina a experiência de Gonçalves Dias como uma tentativa, somente em parte lograda, de estabelecer uma renovação nas letras nacionais e isto por duas razões: em primeiro lugar, por se mostrar excessivamente preso aos moldes clássicos portugueses, o que, segundo Veríssimo, em grande parte decorreria de sua educação coimbrã, e, em segundo lu-

---

13. *Op. cit.*, p. 3.
14. *Op. cit.*, p. 4.
15. *Idem, ibidem.*

gar, por ter desprezado o fenômeno do cruzamento das raças, fazendo do indígena o único assunto de seu lirismo. Todavia, o exemplo de um poeta ocupado com a história e a etnologia e, mais que isso, pretendendo construir uma obra em que se articulassem as novas feições da natureza e vida americanas pareciam a Veríssimo razões suficientes para que a Gonçalves Dias e à sua obra fosse dado um lugar de grande importância como momento decisivo na formação de nossa literatura. Já o mesmo, contudo, não se poderia afirmar de Álvares de Azevedo: se considerada do ponto de vista do processo de diferenciação de nossas letras, sua poesia se ressentia do excesso das influências de Byron e Musset, o seu gênio não fora capaz de guiar as suas preocupações para aqueles assuntos históricos e etnológicos que, segundo José Veríssimo, poderiam ter feito do poeta paulista "o Garrett de nossa literatura"[16].

Em seguida, embora afirmando que "no romance fomos mais felizes"[17], aplica o mesmo critério de nacionalidade no julgamento de nossa produção ficcional em prosa, argüindo a necessidade de os nossos escritores procurarem na vida brasileira os elementos mais radicalmente ligados aos hábitos, crenças e falares originais e próprios do povo brasileiro. Diz o autor: "É por isso que o verdadeiro *romance brasileiro* precisa dos fatos da vida do nosso sertão onde o genuíno povo brasileiro, o resultado dos cruzamentos, vive com seus

---
16. *Op. cit.*, p. 6.
17. *Op. cit.*, p. 7.

hábitos, suas crenças e seu falar próprio. Daí a superioridade do *Sertanejo*, do *Gaúcho*, do *Tronco do Ipê*, da *Mocidade de Trajano* etc., os mais perfeitos dos nossos romances"[18].

Para José Veríssimo, nesse seu primeiro ensaio de crítica literária, romances como *Lucíola, Senhora, A Pata da Gazela, Ressurreição* e *Ouro sobre Azul* são inferiores àqueles na medida em que são enformados, de modo dominante, pela tradição européia, principalmente a francesa, sem o caráter nacional dos primeiros.

Era, não há dúvida, um critério de valor que pecava quase por xenofobia, sem que se atentasse para o que, como forma de indagação e análise de psicologia e sociedade, representavam os dois primeiros livros de Alencar e o romance de Machado de Assis, citados pelo jovem crítico. Quase xenofobia que se revela também na referência ligeira que faz à nossa dramaturgia, embora nos últimos parágrafos dessa primeira parte do ensaio procure abrandá-la através de uma abertura para a nacionalidade. Diz ele:

No século em que vivemos a poesia não pode ter um caráter exclusivamente nacional: as aspirações de um povo livre são as de todos os povos: a liberdade, o progresso, a civilização, todos os direitos garantidos, todos os deveres confessados, tudo que é grande, tudo que é belo, tudo que é útil deve ocupar o poeta.

18. *Idem, ibidem*.

O romance e o teatro, traduzindo ainda essas aspirações, podem ao mesmo tempo trazer impresso em si o cunho de uma nacionalidade vigorosa[19].

Mais tarde, e sobretudo como demonstra o critério adotado na elaboração da *História da Literatura Brasileira*, haveria de levar a um grau de muito maior sutileza a sua compreensão do nacionalismo em literatura. Na época de publicação do ensaio, todavia, suas observações respondiam aos anseios de toda uma geração em marcar, mesmo à custa de distinções mais finas e apuradas, a urgência de uma ruptura com a tradição européia. Daí a primeira frase do texto: "O Brasil precisa romper com as faixas de criança que ligam-no ainda à Europa"[20].

Por outro lado, a posição assumida pelo crítico somente se esclarece pela leitura da segunda parte do ensaio, em que, sob evidente influência da ciência do tempo, estuda os elementos étnicos formadores da nacionalidade, insistindo em que é desse estudo "que há de nascer em nós o espírito da raça e com ele o sentimento do nosso brasileirismo"[21].

Nesse sentido, aquilo que a Veríssimo parecia carecer à nossa literatura era precisamente o esforço em erguê-la a partir dos estudos etnológicos, históricos e lingüísticos, através dos quais se pudesse apreender a

---

19. *Op. cit.*, p. 8.
20. *Op. cit.*, p. 1.
21. *Op. cit.*, p. 9.

essência do tipo brasileiro, sem o qual não via como ter uma literatura brasileira em seus temas e modos de expressão. Diz ele no último trecho do ensaio:

> Para compreender perfeitamente o espírito de um povo é necessário estudar bem os diferentes elementos que o compõem. É sobre este critério que assentamos o nosso modo de pensar de que é do estudo bem feito dos elementos étnicos e históricos de que se compõe o Brasil, da compreensão perfeita do nosso estado atual, de nossa índole, de nossas crenças, de nossos costumes e aspirações que poderá sair uma literatura que se possa chamar conscientemente brasileira [...][22]

Vê o leitor, pelos numerosos exemplos citados, que o método de José Veríssimo no primeiro ensaio de crítica literária que enfeixou em volume, é o etnológico, sob o qual, na verdade, pulsa o critério mais amplo da nacionalidade.

Ora, essa combinação de método etnológico e critério de nacionalidade para o estudo de nossa evolução literária é precisamente o que vem tornar patentes as vinculações da primeira obra de José Veríssimo com as transformações que, por essa época, se efetivavam mediante uma incipiente crítica naturalista.

Método e critério que serão utilizados ainda na obra de 1889 – a primeira série dos *Estudos Brasileiros* – em, pelo menos, sete dos treze ensaios ali coligidos, ainda que renovados por uma experiência cultural

---

22. *Op. cit.*, p. 13.

mais ampla. Por isso mesmo, a meu ver, obra fundamental para a compreensão do desenvolvimento da atividade crítica de José Veríssimo: ao mesmo em tempo em que, por um lado, acentua a articulação do autor com o momento de modificações em que existia, por outro, contudo, abre o caminho para as novas orientações que imprimira à sua maneira de tratar a literatura e a cultura.

De fato, embora houvesse, no futuro, de modificar essa ou aquela posição, esse ou aquele método de abordagem, algumas das características da obra de 1889 continuariam a ser predominantes. Duas, ao menos, sobressaem desde já: a consideração da atividade crítica como intimamente presa ao interesse mais amplo por tudo o que fosse definição da cultura nacional, seus limites e possibilidades, e o empenho em fazer da crítica um modo substancial de contribuição ao processo de autoconhecimento do país; o que, por isso, talvez, melhor resumisse o sentido da atividade de José Veríssimo, quando da publicação dos *Estudos Brasileiros*, fosse afirmar o seu teor didático.

Consciente e até pessimista do meio em que se via obrigado a existir, a criação intelectual lhe aparecia, por isso, como da maior responsabilidade. Era uma forma de, fora da política ou dos cargos governamentais, contribuir ou para o aprimoramento ou para a decadência do pensamento nacional.

Sendo assim, se, por um lado, "[...] concordamos todos em que este é um baixo-império, uma nação estragada antes de amadurecida, um povo precocemente decadente, uma choldra para resumir com o Ega"[23], ao crítico, por outro lado, se lhe afigurava como fundamental e imprescindível "o estudo da pátria brasileira em todos os aspectos que no-la representam tal qual é, não como uma simples agremiação política, mas como uma nacionalidade consciente"[24].

Firmado nesse princípio básico, ao qual se ajusta a idéia da urgência de uma educação nacional, que será o tema do livro publicado no ano seguinte[25], é que José Veríssimo reunia estudos escritos e publicados entre 1877 e 1885, sob o rótulo geral de "brasileiros", o mesmo que haveria de utilizar, cinco anos depois, para intitular nova coletânea de estudos[26]. Somente a partir de 1901 é que passaria a usar o termo literatura como definição para o que entrara então a produzir. Por agora, a incidência caía não sobre os assuntos especificamente literários, mas sobre problemas e pesquisas mais amplamente culturais, e mesmo os estudos literários eram elaborados de uma perspectiva, por assim dizer, nacional. De acordo com os princípios orientadores de sua atividade por essa época, o interesse da obra, problema ou autor assentava muito mais nas repercussões culturais de formação da nacionalidade do que nos valores estéticos intrínsecos.

23. *Op. cit.*, p. XII.
24. *Op. cit.*, p. XXII.
25. *A Educação Nacional.*
26. *Estudos Brasileiros: Segunda Série [1889-1893]*, Rio de Janeiro, Laemmert e Cia. Editores, 1894, 275 p.

Na verdade, quer os ensaios de etnografia, quer os estudos de crítica e história literária, reunidos na primeira série dos *Estudos Brasileiros,* respondem a tais princípios: são aproximações culturais levadas a cabo desde uma compreensão crítica, tendo por base critérios etnológicos e nacionalistas. Assim, por exemplo, três dos ensaios ("O Conto Popular", "O Lirismo Brasileiro" e "A Poesia Popular Brasileira") são exemplares no sentido de mostrar o amálgama de interesses literários e etnológicos que levavam José Veríssimo às portas de uma interpretação sociológica da literatura brasileira, bem próxima às idéias que, por então, Sílvio Romero começava a divulgar mais sistematicamente. Uma interpretação sociológica fundada, é bem de ver, muito mais em pressupostos de etnia que em investigação de dinâmica social; o que, por outro lado, tornava possível a republicação simultânea de estudos arqueológicos, como "A Religião dos Tupi-Guaranis" e "Os Ídolos Amazônicos".

A época em que foram escritas as páginas então reunidas (1877-1885) explica, em grande parte, o aparecimento simultâneo de ensaios literários, históricos e etnográficos: dizer *crítica* era indicar não uma especialização, mas uma abertura para tudo o que, em termos nacionais, pudesse oferecer interesse imediato. A história, a etnografia e a literatura não se apresentavam como ramos do conhecimento, distintos por seus objetivos e métodos, a uma geração de estudiosos impelida pela necessidade de criar uma espécie de *novum organum* para a reflexão nacional.

Sendo assim, dos seis ensaios ainda não mencionados do conjunto de treze que compõem a obra ("Nas Malocas", "Gonçalves Crespo", "Literatura e Homens de Letras no Brasil", "Castro Alves e o Poema dos Escravos", "Do Nacionalismo na Poesia Brasileira" e "Os Motins Políticos do Pará, Seu Espírito e Caráter"), apenas o que trata do poeta português não responde ao desejo de explicitar uma perspectiva de interesse marcadamente nacional.

Todavia, aquilo que, talvez, melhor esclareça as intenções do autor seja o "Prefácio", datado de fevereiro de 1889. E essas intenções podem ser assim resumidas: o propósito de chamar a atenção dos nossos homens públicos (alguns empenhados na transformação política que, nove meses depois, daria na República) para a responsabilidade de uma modificação política a que não correspondesse uma renovação de interesse pela cultura brasileira; ou que – e para Veríssimo vinha a dar no mesmo – se fizesse do movimento republicano uma panacéia para todos os erros de nossa organização social. Por isso mesmo, mais de metade do texto é dedicada à análise das perspectivas brasileiras a partir de uma possível transformação republicana. Transformação que ele via como certa, ao afirmar: "Que republicano venha a ser o governo do Brasil, é coisa que me parece certo"[27].

Mas que a modificação política tivesse como resultado infalível o progresso nacional, era coisa que não lhe parecia tão segura:

27. *Op. cit.*, p. XIII.

[...] forçosamente republicano, não porque acredite na eficácia e infalibilidade da República, na qual vejo apenas uma resultante e não um fator, uma fórmula na evolução governamental, mas não a forma definitiva que ainda escapa às nossas previsões, porém por julgá-la determinada pelas nossas circunstâncias políticas e evolução histórica, é, se não com hostilidade, ao menos sem nenhuma simpatia que encaro o atual movimento republicano, fadado porventura a não remoto triunfo[28].

E, um pouco mais adiante, esclarece ainda melhor a sua posição: "Profundamente e justamente descrente dos nossos homens, eu vejo os mesmos neste movimento. Eles aí estão com a mesma educação e índole, representando, afora o rótulo, os mesmos costumes políticos, possuindo as mesmas tendências e aceitando daqui e de acolá as mesmas alianças"[29].

Dir-se-iam trechos daquele autor pelo qual, anos mais tarde, José Veríssimo haveria de ter uma grande e inabalável admiração: João Francisco Lisboa. É que, como já observou Otto Maria Carpeaux, a admiração tanto por Lisboa quanto por Machado de Assis encontrava no crítico os fundamentos de uma posição semelhante: um realismo pessimista de quem tinha a consciência das fraquezas humanas[30], e que, por isso, não escondia os seus temores quanto à nova forma de go-

---

28. *Op. cit.*, p. XV.
29. *Idem, ibidem.*
30. Cf. "José Veríssimo, Crítico da Nacionalidade", *Correio Paulistano,* 14 de dezembro de 1949.

verno que já se anunciava. Assim como, contrariando mesmo afirmações encerradas no próprio livro e expressas no ensaio "O Movimento Intelectual nos Últimos Dez Anos", quer dizer, entre 1873 e 1883, insistia na estagnação atual da cultura no Brasil: "O movimento iniciado cerca de 1873 [...] cessou de repente. Afigura-se-me que em toda a história literária do Brasil, se excetuarmos a época de formação, não há período de estagnação mais completa do que este que vamos atravessando"[31].

Por outro lado, essa visada pessimista ainda mais se amplia se tivermos presente o que por "história literária" deveria compreender José Veríssimo por esse tempo: uma compreensão semelhante à que Sílvio Romero haveria de sustentar durante toda sua longa carreira de crítico, e que ele, Veríssimo, modificaria na posição que assumiu para escrever a sua *História da Literatura Brasileira*, como se pode depreender do seguinte texto: "No período que atravessa o Brasil – um estádio de formação que mais parece fase de decadência [...], a literatura, e emprego aqui esta expressão como sinônimo de conjunto de todas as manifestações de ordem intelectual traduzidas pela escrita no domínio da ciência, no domínio da arte ou no domínio das letras, apenas existe"[32].

E do marasmo geral, o autor não excetuava nem mesmo o próprio livro, acentuando a diferença de época em que havia sido escrito: "Este livro [...] não é pro-

---
31. *Op. cit.*, pp. XVIII-XIX.
32. *Op. cit.*, p. XVIII.

duto do momento presente. Não tem, pois, a pretensão de ser uma exceção na geral e tristíssima estagnação da nossa produção intelectual"[33].

As suas raízes mais profundas estavam fincadas, isto sim, no momento anterior de transformações – e que, para Veríssimo, se desenvolvera entre os primeiros anos da década de 70 e os anos iniciais da seguinte –, como se pode constatar pelo seguinte trecho:

[...] o livro é ainda um produto, de resto falhado e peco, do movimento espiritual que, meteoro fugaz, surgiu e rebrilhou rápido no nosso horizonte intelectual há alguns anos, e que em um momento, não é porventura exagerado dizer, se condensou na malograda *Revista Brasileira*[34].

Na verdade, os fundamentos da posição pessimista de José Veríssimo não eram os de um simples observador: entre 1884 e a data da publicação dos *Estudos Brasileiros* experimentara a realidade da instrução particular provinciana e, na obra de 1889, podia afirmar como uma das causas de desorientação da vida cultural brasileira "a falta absoluta de educação nacional"[35].

De fato, entre 1884 e 1890, quando publica a obra *A Educação Nacional*, a mais representativa da vertente pedagógica do crítico, fundara e dirigira o Colégio Americano e daquela última data a 1891 fora diretor da Instrução Pública no Pará.

33. *Op. cit.*, p. XX..
34. *Op. cit.*, p. XXI.
35. *Op. cit.*, p. XXIII.

O interesse pela educação não era, portanto, apenas teórico. Fundado na experiência, cedo se converteria em mais um meio de participar, efetivamente, das transformações que agitavam a sociedade brasileira.

Nesse sentido, aliás, é possível observar uma estreita correlação entre as preocupações críticas assumidas desde 1870 e o desejo manifesto de veicular as novas idéias através da introdução de reformas pedagógicas. É, talvez, o mesmo tipo de aspiração que fundamenta a criação quer da Escola Popular de Escada, por Tobias Barreto, quer da Escola Popular de Fortaleza, por Araripe Júnior, Rocha Lima, Capistrano de Abreu e outros.

As atividades educacionais de José Veríssimo, portanto, podem servir para mais caracterizar as suas vinculações com toda uma geração convencida da urgência de pôr o Brasil na corrente de reflexões e métodos novos, atraída, por isso, pelos modelos educacionais que incluíam não somente uma parcela muito maior das populações urbanas, como ainda exigiam maior responsabilidade dos governantes.

Por outro lado, contudo, essas suas relações com a "geração de 70", para a caracterização de sua primeira fase de crítico literário, oferecem um quadro amplo de problemas, que já procurei deslindar em obra sobre o autor (e que venho, em grande parte, resumindo)[36], onde sobressai aquilo que se poderia chamar de im-

---

36. *A Tradição do Impasse. Linguagem da Crítica e Crítica da Linguagem em José Veríssimo,* São Paulo, Ática, 1974.

passe entre a posição de contestação assumida diante da sociedade e a formulação de uma linguagem crítica adequada para a apreensão dos novos objetos literários produzidos pelas transformações desencadeadas.

Dizendo de outro modo: a passagem da linguagem do liberalismo social e político para a crítica literária se fazia sem uma *redução*, em que a exigência de uma linguagem que funcionasse como superação dialética das contradições inerentes à efetivação da burguesia nascente esbarrava contra o instrumental especulativo com que contava o escritor.

Todavia, o mais decisivo é que a posição contestante assumida pela "geração de 70", incorporando os valores elaborados pelo processo de transferências sociais, econômicas e políticas, ao mesmo tempo em que se procurava indagar da validade desses mesmos valores, dava como conseqüência a formulação de uma linguagem crítica cuja possibilidade de problematização estava de antemão limitada pelo paralelismo em que incorria. Na verdade, os elementos hauríveis na história, na etnologia, no folclore etc. não faziam senão acentuar esse paralelismo de linguagem, quer dizer, um discurso marcado pela tautologia que decorria, em linha direta, de toda a aspiração contestante que caracterizou essa época.

A fase seguinte da obra de José Veríssimo, assinalada, sobretudo, pela publicação da segunda série dos *Estudos Brasileiros*, em 1894, vai ser caracterizada exatamente pelo esforço em libertar-se daquelas limitações geracionais, levando a outra série de problemas não inteiramente resolvidos pelo crítico. Aquilo que me parece o segundo impasse fundamental de sua trajetória: a adoção de uma linguagem impressionista como resultante de uma solicitação de época, em que o escritor brasileiro, marginalizado pela evolução social e histórica, assume a posição "superior" da ironia e do ceticismo. Senão, vejamos.

Os *Estudos Brasileiros*, de 1894, como o próprio Veríssimo informa em nota final ao volume, reuniam, essencialmente, os artigos publicados no *Jornal do Brasil*, com exceção apenas do primeiro ensaio, "O Romance Naturalista no Brasil", ainda do Pará, em 1889, e do último, "História do Pará", até então inédito e, segundo o autor, de 1893.

A matéria do livro é heterogênea: literatura, história, etnografia, artes plásticas e biografia. Não obstante, representa um elemento de elucidação primordial na evolução de José Veríssimo, sobretudo na modificação que ocorre em sua maneira de enfocar alguns problemas literários.

Nesse sentido, três textos são básicos: dois que tratam do naturalismo e um ensaio sobre Machado de Assis. Por eles, é possível perceber os inícios da modificação: o germe que, em textos posteriores, vai configurar o seu modo pessoal de definir a crítica literária e o seu objeto.

Sendo assim, a segunda série dos *Estudos Brasileiros* tem, no processo bibliográfico de José Veríssimo, uma importância fundamental: aparecer como elo de transição metodológica entre a sua atividade vinculada às transformações desencadeadas pela "geração de 70" e a sua especificidade como crítico individualizado das obras seguintes. Não se pense, entretanto, que a modificação mencionada responde apenas a desígnios pessoais: pela leitura da introdução ao livro, datada de 1894, é possível constata que ela se funda na certeza de que, no emaranhado de transformações políticas, econômicas e sociais por que passava a nação, o estudo de nossa realidade cultural não se podia realizar sem "um grão de ironia e de ceticismo", como está dito no texto seguinte: "O observador imparcial, porém, e só o pode neste instante ser quem, à ausência das paixões do dia, juntar um grão de ironia e de ceticismo, descobre que, efetivamente, se faz em torno de si um trabalho de gestação nacionalística, como diria o sr. Sílvio Romero"[37].

Por outro lado, essa posição, na medida em que significava uma superação da fase empenhada e programática dos textos publicados na província, constituindo um esforço de imparcialidade e eqüidistância, representava uma abertura para a compreensão da crítica e do seu objeto, por onde se podia introduzir uma sutileza muito maior na utilização de conceitos e princípios de avaliação.

Adotando "um grão de ironia e de ceticismo", tanto o romance naturalista brasileiro de Aluísio Azevedo, Júlio Ribeiro e Marques de Carvalho quanto a obra de Machado de Assis podiam agora ser visualizados e jul-

---

37. *Op. cit.*, pp. VIII-IX.

gados sob um critério bastante mais flexível do que aquele utilizado nos livros de 1878 e 1889. Por um lado, deixava-se de ver nas obras aquilo que significava apenas projeto de esclarecimento nacional (o que ocorria, por exemplo, quando julgava *O Sertanejo* e *O Gaúcho* superiores a *Lucíola* e *Senhora*) e, por outro, chegava à consciência da precariedade dos métodos ao considerar a obra machadiana inacessível pelo flanco nacionalístico.

No primeiro caso, lidando com o problema de adaptação e exagero de uma tendência européia (o naturalismo de Zola), estabelecia uma distinção entre o naturalismo enquanto modelo importado e o realismo enquanto função da própria arte e literatura, afirmando: "Eu não creio que o Realismo seja propriamente uma escola; o Realismo é a mesma arte, pois que a arte não é senão a tentativa de representação do real. Os processos dessa representação como os intuitos que inspiram podem variar, mas esse é o fim da arte"[38].

Ou, em outro trecho ainda mais esclarecedor: "Nenhuma obra de arte pode viver sem verdade, mas a verdade na arte não é a cópia trivial da realidade das coisas"[39].

No segundo caso, introduzindo a idéia de que a obra literária não poderia ser compreendida sem se levar em conta o seu modo de elaboração, afastava-se de um critério exclusivamente etnográfico e nacionalístico, afirmando:

---

38. *Op. cit.*, p. 66.
39. *Op. cit.*, p. 203.

A obra literária do sr. Machado de Assis não pode ser julgada segundo o critério que eu peço licença para chamar nacionalístico. Esse critério, que é o princípio diretor da *História da Literatura Brasileira* e de toda a obra crítica do sr. Sílvio Romero, consiste [...] em indagar o modo por que um escritor contribuiu para a determinação do caráter nacional ou, em outros termos, qual a medida do seu concurso na formação de uma literatura que, por uma porção de caracteres diferenciais, se pudesse chamar conscientemente brasileira. Um tal critério, aplicado pelo citado crítico e por outros, à obra do sr. Machado de Assis certo daria a esta uma posição inferior em nossa literatura. Parece-me, porém, que, legítimo de certo modo, é por demais estreito para formarmos dele um princípio exclusivo de crítica. Se a base de uma literatura é o sentimento nacional, o que a faz grande e a enriquece não é unicamente esse sentimento. Estreitaríamos demais o campo da atividade literária dos nossos escritores se não quiséssemos reconhecer, no talento com que uma obra é concebida e executada, um critério do seu valor, independentemente de uma inspiração mais apegada à vida nacional[40].

Como se pode ver, não excluía o dado nacional, mas o fazia mais sofisticado: o método crítico se especificava na medida em que a idéia de nacionalidade da obra literária passava atuar não mais como fator exclusivo, mas como ingrediente no conjunto dos elementos de composição da obra – dentre os quais avultava o talento de execução. É aí, no entanto, que José Ve-

40. *Op. cit.*, pp. 193-199.

ríssimo é traído pelo seu novo modo de encarar os textos literários: o "grão de ironia e de ceticismo" é irmão gêmeo do impressionismo crítico. Na verdade, aquele "grão de ironia e de ceticismo", que parecia a Veríssimo necessário para uma compreensão adequada da situação brasileira dos anos de 1894, ao mesmo tempo em que surgia por influência, diga-se, de um Anatole France, era não somente um meio de reagir "superiormente" às condições da *intelligentsia* brasileira da época convulsionada, mas ainda uma reformulação importante de seu ideário crítico. De fato, aquela atitude se transfere para a análise de obras e problemas literários num esforço de superar as amarras naturalistas a que até então se achava submetido e, ao mesmo tempo, responder à necessidade de instaurar uma linguagem de correspondência ao momento brasileiro em que existia. Ao abordar os temas do naturalismo e do nacionalismo, nos *Estudos Brasileiros* de 1894, José Veríssimo deixa ver, de modo bastante claro, a reformulação a que submete o seu método crítico e, naturalmente, ao leitor de hoje, os limites de seu projeto. Retomemos o texto sobre Machado de Assis.

Na verdade, a compreensão de Machado de Assis, sobretudo o escritor posterior à publicação do romance de 1881, seria impossível sem a adoção de uma perspectiva que não apenas levasse em conta o caráter nacional da obra literária mas que incluísse, como fator de julgamento e avaliação, problemas de realização e técnica literárias. Daí uma das afirmações iniciais do crítico:

[...] a obra do sr. Machado de Assis deve ser encarada à outra luz e, sobretudo, sem nenhum preconceito de escolas e teorias literárias. Se houvéssemos, por exemplo, de julgá-la conforme o critério a que chamei nacionalístico, ela seria nula ou quase nula, o que basta, dado o seu valor incontestável, para mostrar quão injusto pode ser às vezes o emprego sistemático de fórmulas críticas. Eu por mim cada vez acredito menos nelas[41].

Onde estaria, entretanto, este "valor incontestável" referido por ele? No talento: "[...] somente o modo porque executou a sua obra lhe será levado em conta no juízo final da nossa história literária"[42].

Sem deixar de referir o que chama de humorismo em Machado de Assis como uma de suas "feições especiais", não era apenas ali que reconhecia a sua superioridade sobre os vários romancistas seus contemporâneos, mas, sobretudo, no processo de elaboração dos tipos, das situações, onde via a marca de um "valor incontestável".

Por outro lado, apesar da declaração acerca da inconveniência de usar para a obra machadiana o critério da nacionalidade, não deixa de acentuar o veio de realidade que percorre a obra (no caso, *Quincas Borba*), procurando fisgar o realismo de Machado de Assis no seguinte trecho:

O sr. Machado de Assis, cujo temperamento parece avesso à representação quase fotográfica, à fotografia banal

---
41. *Op. cit.*, p. 199.
42. *Op. cit.*, p. 200.

da vida [...], não obstante a forma fantasiosa e velada, irônica e humorista do seu romance, fez nele um quadro excelente da nossa vida e dos nossos costumes. E fê-lo tanto melhor que talvez o fizesse contribuição sem a preocupação de o fazer[43].

E em outro trecho procura especificar ainda mais a contribuição machadiana no terreno das análises nacionais, ao afirmar: "Esse livro [...] tem uma porção de tipos e situações eminentemente nossas"[44].

Vê-se, desse modo, que, apesar de útil como forma de escapar ao excessivo dogmatismo das idéias naturalistas de sua fase de formação, em que chegava a reputar o primeiro romance de Machado de Assis inferior ao inexpressivo *Ouro sobre Azul*, de Taunay, fundado em princípios etnográficos e nacionalísticos, o seu método de abordagem tendia, inelutavelmente, para uma linguagem crítica de fundo impressionista, abdicando mesmo da racionalidade, como se revela no último trecho do ensaio:

Não indago se o sr. Machado de Assis é um moderno ou um antigo, um velho ou um novo, um romântico ou um naturalista; acabando de ler o seu livro, acode-me, a mim que tenho igual simpatia por todas as escolas e igual desprezo por todas as parcerias, acode-me a idéia trivialíssima que o melhor meio de servir uma literatura é ainda fazer livros – principalmente bons livros, como este[45].

43. *Op. cit.*, pp. 203-204.
44. *Op. cit.*, p. 206.
45. *Op. cit.*, p. 207.

Não parece haver dúvida de que, através desse texto, o crítico se desarmava de um instrumental de reflexão elaborado em bases racionais e se decidia pelo império do gosto e da opinião.

É como se, estabelecido *a priori* o "valor incontestável" do romancista, o crítico nada mais tivesse a fazer senão glosar o próprio autor pela repetição de suas virtudes e qualidades, encontradas por intermédio da sensibilidade.

O fato mesmo de se recusar a uma indagação de tipo classificatório, embora querendo sugerir uma liberdade com relação a escolas ou movimentos literários, na verdade aponta para a impossibilidade de uma análise específica da obra de Machado de Assis – acerca da qual o que se podia fazer era tão-somente anotar a sua singularidade sem que, um só instante, se perguntasse o crítico por sua razão. Ou, dizendo melhor: a razão apresentada não era demonstrável em termos de reflexão nacional e se dava, por assim dizer, colada à própria obra do romancista. Por outro lado, uma vez que o "valor incontestável" de Machado de Assis era um dado indiscutível, e como seria difícil explicá-lo sob critérios de nacionalidade, não havia outro meio senão modificar, flexibilizar, a exigência de uma representação nacional em obras literárias e passar a considerar a possibilidade de uma nacionalidade mais sutil e indefinível.

Era, na verdade, a retomada das idéias do próprio Machado de Assis acerca de "instinto de nacionalidade": idéias que, apesar de sua extraordinária fertilidade, se pensadas em termos de uma consciência criadora, não podiam resistir desde que transportadas para a racionalidade do discurso crítico.

De fato, falar, como Machado de Assis, em "certo sentimento íntimo" que se deve exigir do escritor "que o torne homem do seu tempo e do seu país"[46], enquanto critério de definição de nacionalidade de obras literárias, é optar pelo indefinível. Se isto se mostra coerente com relação à obra de um autor, de um ficcionista, que busca libertar-se das limitações impostas pelas soluções regionalistas que degradavam as criações literárias de seu momento (o ensaio é de 1873), a sua transposição para a análise crítica nada acrescenta como forma de elucidação nem pode ser instaurado como substrato de avaliação.

O que isto significava mais profundamente era a escolha por José Veríssimo de uma linguagem que o pudesse libertar dos esquemas críticos propostos pela "geração de 70", em que se formara, e que, ao mesmo tempo, respondesse às exigências de um novo modo de reflexão crítica ao qual passava a se vincular mais proximamente. E esse novo modo lhe era proporcionado não apenas pelas correntes críticas francesas mas pela própria forma de relacionamento entre o escritor e a sociedade brasileira.

---

46. Cf. "Notícia da Atual Literatura Brasileira – Instinto de Nacionalidade", em *Obra Completa*, Rio de Janeiro, José Aguilar, 1959, vol. III, p. 817.

Tratava-se de uma procura de adequação da perspectiva irônica e cética, propiciando uma linguagem de distanciamento "superior", à consideração da literatura enquanto série social. Todavia, da mesma maneira que a transposição da linguagem do liberalismo acabara por marcar a linguagem crítica da "geração de 70" de uma irredutível tautologia, assim também a linguagem irônica e cética terminava por reduzir o discurso crítico ao nível da opinião, do gosto, da *causerie*.

Foi esse precisamente o desafio que teve de enfrentar José Veríssimo, nessa segunda fase de sua evolução, ao pretender uma superação do modelo geracional a que esteve relacionado em sua primeira fase. E vários foram os meios tentados pelo crítico no sentido de construir uma linguagem específica de crítica literária que pudesse solucionar as contradições experimentadas por ele no plano existencial: especificação da literatura enquanto arte literária, profissionalização do trabalho crítico, rigor editorial (sobretudo quando dirigia a *Revista Brasileira,* de 1895 a 1900), imparcialidade no julgamento daquelas correntes de idéias de que havia sido caudatário em sua primeira fase, como o positivismo, por exemplo. O que, no entanto, passa a ser uma tônica de sua obra crítica é uma nítida separação que principia a ocorrer entre o julgamento dos valores sociais e humanos incorporados às obras e a avaliação estética.

Por um lado, é a impossibilidade de reduzir à crítica literária às preocupações que se incluem nas suas obras de interesse cultural mais amplo e, por outro, é o apelo freqüente a padrões de ordem moral que parecem, aos olhos do crítico, preencher o vazio deixado pelo abandono das categorias estéticas fornecidas pelo naturalismo crítico.

Exemplo disso é o texto que escreveu sobre Zola por essa época, publicado depois na primeira série de *Homens e Coisas Estrangeiras*, de 1902, em que faz reservas às obscenidades da obra do autor francês:

> Não havia razão para Zola, forçando a nota do naturalismo como um desafio de artista à afetada pudicícia burguesa, macular a sua obra de feições obscenas, absolutamente dispensáveis mesmo sob o aspecto da pura arte, alheia qualquer preocupação de moral. Foi um grave erro de estética, de bom gosto, e direi mesmo de ofício[47].

A contradição salta aos olhos: embora definindo o que chama de "pura arte" como infensa às preocupações de ordem moral, o seu julgamento das obscenidades em Zola não deixa de se montar sobre um esquema de moralidade.

Na verdade, o conceito que tinha de moral e imoral nas obras de arte era dominado pela indefinição e pelo vago dos termos com que procura expressá-lo:

> Chamar de imoral a obra de Zola é esquecer o valor dos termos e das coisas. Em primeiro lugar, a arte não é nem moral, nem imoral; é a arte, a representação, a definição, a idealização da vida na sua maior ampliação e complexidade.

---

47. *Op. cit.*, p. 160.

Tudo o que, qualquer que seja o seu valor técnico, não couber nesta definição, penso eu, não é arte. E como o que interessa à vida, ao homem, à sociedade, é moral, a arte é sempre de essência moral, refletindo os costumes e ao mesmo passo influenciando-os, elevando a natureza humana pelas emoções de beleza com que exalta a nossa sensibilidade. A moralidade na arte entendida neste sentido, que se me afigura o verdadeiro, está no fim e não nos meios, na emoção final que logra provocar em nós, no resultado da sua influência sobre os nossos sentimentos[48].

É, mais uma vez, a confirmação do império da impressão pessoal, do gosto, da sensibilidade, sobre qualquer espécie de racionalização, desta vez especificado através de um uso à Oscar Wilde, *fin-de-siècle*, do conceito de moralidade em arte, em que até o paradoxo aparece em cena, como se pode ter verificado.

O que, a meu ver, explica muito bem o traço moralista que, como se vê, é possível captar nas indagações de José Veríssimo por essa época de sua evolução é a impossibilidade de substituir os esquemas de avaliação da crítica naturalista (muito mais categóricos) por dados oferecidos por uma visão de mundo fundada na ironia e no ceticismo que responde, de modo bastante coerente, ao tipo de relacionamento entre escritor e sociedade no Brasil a partir da transformação republicana. O fato de ser coerente, no entanto, não implica sua viabilidade em termos de linguagem críti-

---

48. *Op. cit.*, pp. 153-159.

ca. O empenho em ultrapassar os limites da crítica naturalista e, simultaneamente, o desejo de se manter numa linha de reflexão realista, somente seria realizável na medida em que se operasse uma crítica da própria linguagem utilizada. De fato, transpor a linguagem irônica e cética que as relações com a sociedade predispunham para o campo das avaliações e investigações literárias não seria exeqüível sem uma redução no nível da própria linguagem em que os elementos de compreensão literária (sociais, históricos, científicos e filosóficos) fossem submetidos à prova de seu funcionamento no nível da estrutura literária.

De outro modo, ocorreria necessariamente a transformação da atividade crítica num jogo de *causerie*, sempre paralelo ao modelo propiciado pela estrutura social em que existia o escritor. Todavia surge o paradoxo: a *critical causerie*, ao mesmo tempo em que significava o desvinculamento do escritor com relação ao tempo histórico por ele experimentado, contribuía para uma especificação individualizante de sua atividade (bom gosto, sensibilidade, impressão pessoal etc.), possibilitando o exercício da crítica como conjunto inarticulado de *insights*, que, a longo prazo, acabaria por constituir um esquema de avaliação certamente bem mais interno do que aquele do naturalismo contra o qual se voltava Veríssimo. E é mesmo este, como já se insinuou, o segundo grande impasse com que teve de se haver José Veríssimo: querer ajustar uma ótica de análise interna ao desejo de não se desvincular das preocupações culturais mais amplas, sem alcançar fundir, num processo de interpretação integral, texto e contexto.

Por outro lado, contudo, assim como é possível dizer que Sílvio Romero teve as virtudes de seus erros, no sentido de que, querendo fazer história literária, terminava ultrapassando favoravelmente as suas intenções e construindo uma verdadeira história cultural do Brasil, assim José Veríssimo, buscando a superação do modelo geracional naturalista em que se formara e incorporando à sua reflexão as linhas essenciais do impressionismo crítico francês, sem que fosse possível, contudo, instaurar uma linguagem crítica de superação no nível estrutural, acabava pondo em xeque, através de uma intensa impossibilidade de redução crítica, as categorias estético-literárias que fundamentavam quer a crítica quer a história literária. É nesse sentido que a obra por ele publicada a partir de 1901, e que é a terceira fase de sua trajetória, vai refletir a dualidade que a sustenta basicamente: a aspiração por uma especificidade da crítica literária e o intuito de uma participação, enquanto homem de letras, na vida nacional.

Por um lado, é o escritor voltado para a criação literária enquanto objeto resultante de uma cristalização de experiências fincada no passado (daí o seu tradicionalismo, a incompreensão para com os novos, o seu romantismo garrettiano *après la lettre*); por outro, todavia, é o inquisidor atento da vida política, social e econômica do país. Sem que os dois aspectos sejam conectados harmoniosamente, José Veríssimo é bem a imagem do escritor que, vindo de uma geração empenhada culturalmente, marginalizando-se por força das contradições sociais, esbarra na insignificação de sua atividade. É o começo do fim: a sua última fase.

Essa última fase da evolução de José Veríssimo é a mais rica do ponto de vista bibliográfico: na verdade, entre 1901 e 1916, são publicados os *Estudos de Literatura Brasileira, Homens e Coisas Estrangeiras, Que é Literatura? e Outros Escritos* e *História da Literatura Brasileira*, quer dizer, aquelas obras pelas quais é mais conhecido e tem um lugar de importância merecida na história da crítica brasileira.

Por outro lado, é também a fase em que se torna mais explícita aquela problemática presente nas demais fases, isto é, a impossibilidade de realizar a passagem entre o modelo de reflexão oferecido pelo relacionamento entre escritor e sociedade e a invenção de uma linguagem crítica capaz de abrir o caminho na direção de uma análise integradora de obras literárias, em que os elementos do passado, da tradição, fossem perscrutados sob um enfoque contemporâneo. Mais explícita: embora a duplicidade ocorra nas duas fases anteriores é, todavia, na derradeira que ela assume toda a sua dimensão, sobretudo através da perspectiva assumida por José Veríssimo no que se refere à historicidade do fenômeno literário. O meu ponto de vista é que a retomada, pelo autor, da abordagem histórica, ao invés de ser apenas uma continuação das linhas essenciais de reflexão que lhe tinham sido familiares em sua primeira fase, é, na verdade, a revelação bem mais clara daquela impossibilidade fundamental. O que, nessa última fase, vai especificar-se através de um verdadeiro jogo de contraponto entre o crítico, empenhado na avaliação e no julgamento das obras, e o historiador literário, correndo tranquilo por entre valores já firmados, e, por isso, podendo, de forma bem mais convincente, tentar a aliança entre o impressionismo crítico e o modelo naturalista.

Por entre os dois, entretanto, passava a correr, numa espécie de espaço vazio, o crítico social e político, construindo-se, com frequência, um esquema de autopreservação através dos julgamentos morais, senão moralistas. E é aqui, na atividade desenvolvida por José Veríssimo enquanto analista de seu tempo, que se vai registrar, de modo agudo, a duplicidade de quem, como o nosso crítico, não era capaz de transpor, para a consideração das obras literárias, as preocupações que o absorviam no espaço traçado pelas coordenadas sociais e políticas. Por isso mesmo, a obra entre 1901 e 1916 vai revelar essencialmente dois tipos de preocupação cultural: de um lado, é o desejo de especificar a sua atividade pelo – por assim dizer – afunilamento das categorias de que se servia para o julgamento das obras, revelando-se, sobretudo, na reconsideração dos preceitos da velha poética oitocentista, agora travestidos num ideal clássico da língua, e que acaba por lhe conferir uma inelutável caracterização de crítico *ex cathedra*, com a qual iam muito bem as suas antigas preocupações pedagógicas; de outro lado, é a permanente aspiração em participar da vida nacional pela crítica dos acontecimentos sociais e políticos, por onde se desligava das amarras de que se utilizava na análise literária, fazendo valer, então, critérios de avaliação realistas que terminavam por se mostrar adequados à situação brasileira do tempo, na medida em que eram indicadores de uma certa "consciência possível" da época.

O que me parece notável, contudo, é como esses dois tipos de preocupação não logram fundir-se na discussão de obras suas contemporâneas, mas passam a existir como formas paralelas de exercício da tarefa intelectual de José Veríssimo. Onde a fusão parece mais próxima e viável é, não há dúvida, na investigação histórico-literária ou nas aproximações, por assim dizer, sociológicas à literatura brasileira. Mesmo aí, todavia, persiste a dualidade: sem que fosse possível transferir para a análise literária, sem voltar ao antigo modelo naturalista, as categorias sociais e históricas, ele optava, por um lado, pela "especificidade literária" e, por outro, não sabia desvencilhar-se da intenção nacional, perseguido pela inexistência de uma linguagem que possibilitasse a redução crítica, estrutural, dos elementos sociais e históricos a um modelo reflexivo verdadeiramente específico, em que os dados de instigação externa e os de elaboração aparecessem conectados na própria obra.

Por isso mesmo, é sobretudo naqueles textos, como o que trata, por exemplo, de Euclides da Cunha, em que a preocupação literária é dominada ou submetida por força de uma intenção que a transcende (no caso de Euclides, o protesto social e político) que José Veríssimo parece realizar o *desideratum* oitocentista de uma crítica literária de raízes e parâmetros nacionalistas. Apenas parece, desde que, ao saltar da análise histórico-social para a indagação de ordem literária, o crítico cai nas observações acomodatícias de cunho tradicional, sobretudo as de caráter gramatical.

Assim, por exemplo, no ensaio sobre *Os Sertões*, embora anotando de forma pioneira a junção ciência-literatura na obra euclidiana.

> O livro, por tantos títulos notáveis, do sr. Euclides da Cunha, é ao mesmo tempo o livro de um homem de ciência, um geógrafo, um geólogo, um etnógrafo; de um homem de pensamento, um filósofo, um sociólogo, um historiador; e de um homem de sentimento, um poeta, um romancista, um artista, que sabe ver e descrever, que vibra e sente tanto aos aspectos da natureza como ao contacto do homem, e estremece todo, tocado até ao fundo da alma, comovido até as lágrimas, em face da dor humana, venha ela das condições fatais do mundo físico, as "secas" que assolam os sertões do norte brasileiro, venha da estupidez ou maldade dos homens, como a Campanha de Canudos[49].

Não deixa de observar em trecho logo seguinte:

> Pena é que conhecendo a língua, como a conhece, esforçando-se evidentemente por escrevê-la bem, possuindo reais qualidades de escritor, força, energia, eloqüência, nervo, co-

---

49. *Estudos de Literatura Brasileira: Quinta Série*, Rio de Janeiro-Paris, M. Garnier, 1905, pp.73-74.

lorido, elegância, tenha o sr. Euclides da Cunha viciado o seu estilo, pessoal e próprio, não obstante de um primeiro livro, sobrecarregando a sua linguagem de termos técnicos, de um boleio de frase como quer que seja arrevesado, de arcaísmos e sobretudo de neologismos, de expressões obsoletas ou raras, abusando freqüentemente contra a índole da língua e contra a gramática, das formas oblíquas em *lhe* em vez do possessivo direto, do relativo cujo e, copiosamente, de verbos por ele formados, e de outros modos de dizer que, ainda quando filologicamente se possam justificar, não são, de fato, nem necessários, nem belos, antes, a meu ver, dão ao seu estilo um tom de gongorismo, de artificialidade, que certo não estava na sua intenção[50].

Observa-se, desse modo, de que maneira José Veríssimo rachava o seu julgamento da obra de Euclides da Cunha pela interferência, em sua abordagem crítica, de uma separação abrupta entre o critério empregado para a percepção da obra como uma totalidade (a ciência e a arte como feições complementares de um mesmo objeto) e a análise da linguagem como modo de elaboração meramente exterior. Em nenhum momento parece-lhe ocorrer a interdependência entre a análise social intentada pelo autor e sua mecânica de exposição e de apreensão da realidade sobre a qual o escritor investia, armado solidamente das lentes científicas que o seu tempo podia oferecer.

Na verdade, as qualidades que aponta em Euclides da Cunha ("força", "energia", "eloqüência", "nervo", "co-

---

50. *Op. cit.*, p. 74.

lorido", "elegância"), deixando de lado o fato de virem a constituir uma verdadeira algaravia de conceitos, em que os preceitos da retórica se misturam a vozes impressionistas, não são virtudes que tivessem sido atingidas sem os desvios sugeridos pelo crítico: ao contrário, exatamente por se desviar do sistema lingüístico em que estava inserto, é que Euclides da Cunha as atingia.

Por outro lado, e isto me parece fundamental, ao apontar na obra euclidiana a singularidade de um texto científico elaborado com recursos de escritor dono de seus meios, José Veríssimo, no entanto, não era capaz de dar o passo que faltava adiante e considerar os desvios gramaticais, ou as liberdades na formação de verbos e neologismos, como exigidos pela própria construção de um livro que, sendo de ciência, rompia os esquemas, os cânones da linguagem científica do tempo pela adoção de um sistema inovador. Sem nenhum receio em tender para o anacronismo, o meu ponto de vista é de que a fragilidade da análise literária da obra euclidiana feita por Veríssimo repousa na inexistência de um modelo de prospecção em que fosse viável a superação da dicotomia que o seu ensaio termina por estabelecer entre conteúdo e forma. Mais ainda: tal dicotomia é, a meu ver, decorrente em linha direta da disjunção fundamental entre a preocupação de afirmar como válida a obra de intenção nacional (daí o discernimento para o valor cultural do texto euclidiano) e a adoção de um critério de julgamento fundado numa especificidade equivocada, desde que desvinculada da totalidade do texto (daí as reservas lingüístico-gramaticais).

É claro que os exemplos poderiam ser multiplicados: o ensaio sobre o Simbolismo, por exemplo. Ou sobre o "futuro da poesia".

Acho que os exemplos anotados dão para formar um juízo contemporâneo dos dilemas com que teve de se haver o nosso crítico. Uma história de três impasses sucessivos em que o esforço para superá-los, construindo uma obra cuja *modernidade* decorre sobretudo do fato de apontar para as próprias contradições da crítica, é, a meu ver, o melhor exemplo brasileiro do século passado da seriedade, complexidade e, ao mesmo tempo, melancolia das relações entre crítica e sociedade.

Recentemente, muito depois da data em que escrevi o livro sobre José Veríssimo, há toda uma volta às preocupações com a historicidade do texto literário: superados os "historicismos" e "formalismos" de última hora, é tempo para a reconsideração daquilo que, na obra, é história internalizada, ou forma historicizada. Tanto faz.

Na história da crítica brasileira, a posição de José Veríssimo é privilegiada para uma indagação desta ordem. Sem anacronismos nem arqueologismos: criticamente.

Para terminar com um crítico contemporâneo intensamente preocupado com aquilo que procurei articular nesta Introdução, vale a pena citar meia dúzia de frases:

Com o declínio da nova crítica, uma exploração da idéia de história literária é a mais urgente tarefa com que se defronta o estudioso de literatura hoje. Porém é uma tarefa difícil e envolve problemas cuja solução está direta e indiretamente ligada à consciência de crise tanto da crítica quanto da sociedade. [...] Esta crise é, de diversas maneiras, um sintoma da crise maior da sociedade ocidental, em que a idéia revolucionária de mudança, os conceitos dialéticos e orgânicos de evolução e as tradições liberais e humanistas de progresso foram todas, em vários graus, atingidas[51].

---

51. Cf. Robert Weimann, *Structure and Society in Literary History. Studies in the History and Theory of Historical Criticism,* Charlottesville, University Press of Virginia, 1976, p. 18.

As Tensões de Mário de Andrade

Nada mais paradoxal que escrever uma síntese introdutória a Mário de Andrade: a obra e, mais que isso, a personalidade dele parecem recusar a síntese e puxar a pluralidade. Creio, no entanto, que é possível fazer desta mesma pluralidade um elemento de articulação capaz de apontar para alguns traços fundamentais de caracterização do escritor que, em verso e prosa, buscou represar a dispersão natural por força de uma energia criadora voltada para a compreensão de seu tempo e espaço.

Na verdade, se, por um lado, é muito difícil isolar o Mário de Andrade poeta do contista ou do estudioso da cultura popular, por outro, é precisamente esta dificuldade em encontrar *um* Mário de Andrade que motiva e modula a leitura do poeta, do contista ou do folclorista como instâncias permanentes e sucessivas de releituras. Ou, dizendo de outra maneira, a leitura do poeta pode ser uma releitura do prosador que, seja na ficção, seja no ensaio erudito, procura dar conta de uma inquietação interpretativa que utiliza a linguagem da literatura como instrumento, fazendo da construção artística um espaço tenso para o desdobramento de símbolos e mitos. Há, deste modo, um certo sentido de releitura interna na obra, sem a qual a compreensão do leitor não se realiza. Não é que uma obra leia a outra: é que o leitor lê uma na outra, sempre em busca daquele Mário de Andrade que nunca está onde se espera, cada obra, ou melhor, cada relação entre obras construindo a possibilidade de um outro Mário de Andrade. E é preciso muitas idas e vindas, leituras e releituras, para que o leitor comece a desconfiar que Mário de Andrade não está numas ou noutras, mas nas relações entre elas.

É claro que é possível falar da existência do poeta Mário de Andrade, tal como ele se encontra representado na edição de suas *Poesias Completas*, no belo trabalho de edição crítica de Diléa Zanottto Manfio.

Ali estão os livros que o próprio escritor julgou representarem esta sua atividade: *Paulicéia Desvairada, Losango Cáqui, Clã de Jabuti, Remate de Males, O Carro da Miséria, A Costela do Grã Cão, Livro Azul, Lira Paulistana* e *Café*, deixando para o que chamou *Obra Imatura* o livro que escreveu sob o pseudônimo de Mário Sobral, *Há uma Gota de Sangue em Cada Poema*, de 1917.

Da mesma forma, é impossível negar a existência do prosador de ficção que está em livros como *Primeiro Andar, Amar, Verbo Intransitivo, Macunaíma, Belazarte* ou *Contos Novos*, ou mesmo do ensaísta de *A Escrava que não é Isaura, O Aleijadinho e Álvares de Azevedo, O Baile das Quatro Artes, Aspectos da Literatura Brasileira*, ou *O Empalhador de Passarinho*. Sem falar no musicólogo e folclorista de *Ensaio sobre a Música Brasileira, Compêndio de História da Música, Modinhas Imperiais, Música, Doce Música, Namoros com a Medicina, Danças Dramáticas do Brasil, Música de Feitiçaria* ou o recente e monumental *Dicionário Musical Brasileiro*.

Mas se é possível dividir em blocos de atividades a produção de Mário de Andrade – o poeta, o ficcionista, o ensaísta ou mesmo o correspondente que dialoga como muitos e sempre consigo mesmo –, aquilo que os reúne e os articula é um sentido de relação que traduz a pluralidade.

Desse modo, a leitura isolada de cada bloco jamais satisfaz porque o seu pleno entendimento só ocorre pelo estabelecimento de relações com os demais. É da perspectiva do folclorista que o musicólogo ganha uma significação ampla que, por sua vez, contamina os vários sentidos (e não apenas os significados, veja-se bem) dos poemas ou dos contos, assim como o arquiteto que foi capaz de traçar o plano de *Macunaíma* é iluminado quer pelo musicólogo (e o subtítulo de *rapsódia* dado ao livro aponta para o fato), quer pelo estudioso da cultura popular que, a todo momento, tece os fios simbólicos e míticos da narrativa.

Esse jogo de iluminações recíprocas é o que, talvez, explique o grande interesse de uma correspondência trocada com destinatários de nível intelectual, e mesmo afetivo, bastante desigual: a carta, escrita por Mário de Andrade, é uma maneira muito pessoal de juntar os reflexos do outro, daquele que a recebe, como interpretação de si mesmo. É, mais uma vez, um agudo sentido de relação: escrevendo para outro, dizendo-se ao outro, Mário de Andrade caminha para o esquecimento de sua pluralidade fundamental e, por aí, pode encontrar o roteiro da condensação e do conhecimento. É o que, em parte, está insinuado na última estrofe do poema "Eu sou trezentos...":

> Eu sou trezentos, sou trezentos-e-cincoenta,
> Mas um dia afinal eu toparei comigo...
> Tenhamos paciência, andorinhas curtas,
> Só o esquecimento é que condensa,
> E então minha alma servirá de abrigo.

Este poema, escrito em 1929 e publicado como epígrafe ao livro *Remate de Males*, em 1930, representa bem uma meditação de trajetória no meio de seu curso: no ano anterior, 1928, havia publicado *Macunaíma*, que, por assim dizer, resumia um projeto de toda a década que se iniciara com *Paulicéia Desvairada* e a participação na Semana de Arte Moderna, ambas de 1922.

AS TENSÕES DE MÁRIO DE ANDRADE

A partir dos anos 30 até os seus últimos trabalhos, escritos ou publicados em meses próximos à sua morte, em 1945, como o longo poema "Meditação sobre o Tietê", incluído em *Lira Paulistana*, de 1946, os ensaios que compõem *Aspectos da Literatura Brasileira* e *O Empalhador de Passarinho*, ou mesmo os *Contos Novos*, revelam um sentido de depuração que parece, sobretudo, visar ao equilíbrio e à integração de elementos pessoais e coletivos em sínteses de maior condensação e trabalho artístico.

Referindo-se a essa fase da obra de Mário de Andrade, dizem Antonio Candido e José Aderaldo Castello em *Presença da Literatura Brasileira*:

> Em *Remate de Males* a sua poesia se desprende dos maneirismos da primeira fase, do pitoresco externo e psicológico, revelando uma tendência que será marcante nele: a capacidade de fundir, num movimento único, a pesquisa da sua alma e a pesquisa do seu país, como se fossem duas faces da mesma experiência, irmanadas em certos símbolos de grande efeito: os ritos primitivos, a terra sem males, a preguiça criadora, o caudal turvo e misterioso dos grandes rios. Esta tendência irá aumentando, até chegar ao seu último poema, *Meditação sobre o Tietê*, onde alcança a fusão perfeita do coletivo e do pessoal, numa articulação mágica de temas e imagens tirados de toda a sua obra anterior, cuja coerência profunda é assim revelada.

Deixando de lado o que há de naturalmente simplificador no texto didático – e a demonstração disso é o descarte de *Macunaíma*, obra que busca e consegue a fusão registrada pelos autores na fase posterior de Mário de Andrade –, as observações servem para acentuar um dos traços articuladores daquele agudo sentido de relação já referido: a utilização da linguagem literária como instrumento de integração interpretativa, fundindo o pessoal e o coletivo. Daí também uma conseqüência de ordem biográfica: é a partir dos anos 30 que Mário de Andrade passa a desempenhar uma ação cultural mais pragmática, seja na organização e direção do Departamento de Cultura da Prefeitura de São Paulo, seja, com sua transferência para o Rio de Janeiro, em trabalhos ligados ao Ministério da Educação (como a elaboração do plano da *Enciclopédia Brasileira*, que jamais foi publicada, mas cujo plano original de Mário de Andrade foi, recentemente, editado pela Editora da Universidade de São Paulo), seja através de tarefas vinculadas ao Serviço de Patrimônio Histórico e Artístico Nacional, que passou a representar em São Paulo quando de sua volta em 1940.

Este biografema é importante porque, de certo modo, reorganiza a leitura que se quiser fazer da obra do escritor: percebe-se, por exemplo, como um sentido de missão sempre esteve presente nos projetos de Mário de Andrade, fazendo com que a experiência com os mais diversos gêneros literários convivesse, por um lado, com uma certa consciência do insuficiente para a representação e, por outro, com a necessidade mesma de explorar os limites da linguagem literária. Era como se aquilo que o escritor julgava ter para dizer, quer como experiência de ordem pessoal, quer como experiência coletiva, fosse maior que os seus meios à mão.

Desse modo, a defesa da liberdade de pesquisa assumia toda a sua carga de dramaticidade: não tinha apenas uma significação objetiva de conquista do conhecimento, mas se impunha como maneira de manter a tensão entre o pessoal e o coletivo, ou seja, entre linguagem e representação.

Nesse sentido, não há muita diferença entre os experimentos com a poesia, sobretudo nos primeiros livros da década de 20, e as anotações etnográficas e folclóricas que ia fazendo para as obras que publicou nas décadas de 20 e 30 ou que deixou inéditas. Por uns e outros passa a preocupação em encontrar ritmos e valores que possam corresponder à aspiração maior de identificar núcleos mais amplos de interpretação, seja do próprio poeta deslocado por força da modernidade, seja da cidade ou do país, cujas bases socioeconômicas e, por isso, culturais radicam na tradição e no conservadorismo. O *desvairismo*, expresso no "Prefácio Interessantíssimo" para *Paulicéia Desvairada*, representa bem esse deslocamento: o ritmo trepidante dos versos, buscando figurar a cidade que se modernizava, conflita com o individualismo, por assim dizer, conservador das imagens.

Não há dúvida de que desse conflito, às vezes, ocorrem efeitos de estranhamento com força poética e não seria difícil escolher alguns versos para demonstração. Ou mesmo poemas inteiros, como "O Trovador", "Ode ao Burguês", "Anhangabaú" ou o notável "Noturno de Belo-Horizonte", este de *Clã de Jabuti*.

No geral, todavia, a poesia de Mário de Andrade, fundando-se no propósito de uma ampla pesquisa de linguagem (daí os seus ritmos largos e seu vocabulário pessoalíssimo), não se resolve como poesia, mas como giros interpretativos que buscam conciliar o pessoal e o coletivo. Por isso mesmo, quase sempre, o interesse do poema está para fora do poema e pode existir na relação (que é sempre feita pelo leitor, embora induzido pelos propósitos do autor) entre ele e um sentido de interpretação mais geral.

Por outro lado, é esse sentido de interpretação mais geral que, ao mesmo tempo, recupera o valor de missão de sua obra e diminui o impacto propriamente poético dos textos. O que isso significa pode-se melhor perceber pela leitura de um dos mais realizados poemas de Mário de Andrade. Refiro-me a "Louvação da Tarde", de *Remate de Males*.

Os quarenta e cinco versos iniciais, de um longo texto de cento e sessenta e cinco versos, impõem-se admiravelmente como articulações entre paisagens objetivas e apreensões subjetivas, controladas por um pensamento poético proliferador de imagens:

>   Tarde incomensurável, tarde vasta,
>   Filha de sol já velho, filha doente
>   De quem despreza as normas da Eugenia,
>   Tarde vazia, dum rosado pálido,
>
>   Tarde tardonha e sobretudo tarde
>   Imóvel... quase imóvel: é gostoso
>   Com o papagaio louro do ventinho

Pousado em minha mão, pelas ilhotas
Dos teus perfumes me perder, rolando
Sobre a desabitada rodovia.
Só tu me desagregas tarde vasta,
Da minha trabalheira. Sigo livre,
Deslembrado da vida, lentamente,
Com o pé esquecido do acelerador
E a maquininha me conduz, perdido
De mim, por entre cafezais coroados,
Enquanto meu olhar maquinalmente
Traduz a língua norte-americana
Dos rastos dos pneumáticos na poeira.
O doce respirar do forde se une
Aos gritos ponteagudos das graúnas,
Aplacando meu sangue e meu ofego.
São murmúrios severos, repetidos,
Que me organizam todo o ser vibrante
Num método sadio. Só no exílio
De teu silêncio, os ritmos maquinares
Sinto, metodizando, regulando
O meu corpo. E talvez meu pensamento...

Tarde, recreio de meu dia, é certo
Que só no teu parar se normaliza
A onda de todos os transbordamentos
Da minha vida inquieta e desregrada.
Só mesmo distanciado em ti, eu posso
Notar que tem razão-de-ser plausível
Nos trabalhos de ideal que vou semeando
Atabalhoadamente sobre a terra.
Só nessa vastidão dos teus espaços,
Tudo que gero e mando, e que parece
Tão sem destino e sem razão, se ajunta

Numa ordem verdadeira ... Que nem gado,
Pelo estendal do jaraguá disperso,
Ressurge de tardinha e, enriquecido
Ao aboio sonoro dos campeiros,
Enriquece o criador com mil cabeças
No circo da mangueira rescendente...

É, na verdade, admirável como o poeta conseguiu articular o casual das sensações que se dispersam pelas duas estrofes iniciais à gravidade meditativa que preenche toda a última estrofe transcrita: o espaço-tempo que se representa pela tarde acaba por conferir um sentido pessoal, mas que é também geral, aos trabalhos do poeta. Os últimos oito versos têm uma grande eficácia imagética, não apenas pela habilidade versificatória ("Tudo o que gero e mando, e que parece / Tão sem destino e sem razão, se ajunta"), mas porque recupera, pela deliciosa e delicada imitação de imagens e torneios de linguagem, um certo clima arcádico que prolonga o sentido de paz meditativa da paisagem. A partir da estrofe seguinte, no entanto, se o poema é acrescentado de anotações localizadas que identificam a maneira, por assim dizer, *brasileira e paulista* de Mário de Andrade, e isto ocorre simultaneamente à intensificação de uma certa voracidade psicológica que termina por dominar o texto, enquanto poema, "Louvação da Tarde" sofre uma enorme decaída em que somente o extraordinário último verso faz ainda ecoar a eficácia dos primeiros: "Condescendente amiga das metáforas", referindo-se à Lua.

Eis aí, portanto, o que se queria dizer quando se chamava a atenção para os riscos da hipertrofia interpretativa: querendo fazer do texto poético um instrumento de conhecimento da realidade, antes pelo acréscimo de anotações localizadas que pela intensidade propriamente poética dos versos, Mário de Andrade termina dispersando-se no tumulto da pluralidade e da, às vezes, vaga poesia. Não se leia nesta afirmação uma negativa do poeta Mário de Andrade. O que se afirma, isto sim, é que a efetiva realização poética por ele atingida em alguns poemas somente foi possível quando o impulso para a interpretação generalizadora (e o seu geral era, sobretudo, São Paulo e Brasil) cedeu lugar ao particular da invenção lingüística, sem a qual não existe o poema.

É exatamente nesse sentido, isto é, fazer coincidir o desejo de interpretação e a invenção poética, que a sua mais perfeita realização é o texto narrativo publicado em 1928. Não porque ele interprete aspectos da nacionalidade (coisa que ele fez antes e faria depois em inúmeros textos), mas, sobretudo, porque, transformando a matéria em ficção, ele soube inventar um mecanismo poético adequado de apreensão da realidade circunstancial e histórica. É, portanto, mais que interpretação: é criação de uma realidade ficcional a ser interpretada. É, por isso mesmo, uma obra central na produção de Mário de Andrade: para trás e para diante, nas leituras e releituras de seus textos, sejam poemas, contos ou ensaios eruditos, *Macunaíma* impõe critérios de avaliação, recuperando projetos que não se realizaram ou apontando os descaminhos de outros realizados. Mais importante, todavia, é que *Macunaíma*, na verdade, legitima e dá existência estética àquela tensão básica que atravessa todo Mário de Andrade: extração de literatura das mais recônditas origens da formação brasileira por obra de uma invenção poética para onde tudo converge. Língua, folclore, história, interpretações gerais do país, tudo passa a fazer parte do *roteiro* da obra, para usar o termo de eleição de um de seus maiores leitores, M. Cavalcante Proença.

Assim, por exemplo, a viagem, motivo profundo do imaginário modernista (basta ver Oswald de Andrade), conserva-se no horizonte do *herói sem nenhum caráter*. A especificidade é dada pelo roteiro de navegante. Agora trata-se de, a partir de um mapeamento folclórico, etnográfico, retomar traços consecutivos da nacionalidade, operando uma inversão do *retrato do Brasil*, de Paulo Prado, a quem o livro é dedicado, acentuando falhas e faltas a tal ponto que os sinais de negatividade são recuperados positivamente.

Por outro lado, embora possuindo uma estruturação romanesca capaz de responder aos itens de construção de qualquer narrativa – heróis, anti-heróis, peripécias, tempo, espaço –, o livro de Mário de Andrade, antes *rapsódia* que *romance*, como o próprio autor deixou explícito, contorna as dificuldades de uma queda nas armadilhas do modelo realista do século XIX pela invenção de uma escrita que permite não apenas a ruptura daquelas mesmas características narrativas, levando o texto para os limites do imaginário fabuloso (e, por aí, criando um diagrama alusivo às percepções européias do cenário e da gente americana nos primeiros tempos da Descoberta), como ainda, por isso mesmo, dialogando internamente, de modo crítico porque poético, com toda uma concepção da própria cultura brasileira.

Na verdade, um dos procedimentos básicos da obra é a utilização da paródia. Mais ainda: a história de *Macunaíma* é basicamente um modo de construção assentado na paródia da História. Não é, por isso, sem uma razão construtiva muito forte que a famosa "Carta pras Icamiabas" insere-se como o capítulo intermédio (o nono) no livro de dezesseis capítulos. A utilização da língua codificada do conquistador, de corte purista e solene, não deixa esquecer o que a escrita das aventuras do herói vai registrando como, por assim dizer, tresloucada narrativa de formação. Formação de uma nacionalidade operada por um conjunto de relações sociais e históricas – as européias – já dominadoras de um certo modo de estabelecer as vinculações entre realidade e representação. Sem, portanto, deixar de ser uma interpretação geral do país, bem na esteira de tudo aquilo que ambicionava a pluralidade do autor, a narrativa encontrava na paródia o procedimento adequado para, por um lado, recuperar o sentido de missão que o impulsionava para a literatura, e, por outro, libertava-o do individualismo que, nos limites, impunha sempre um ranço conservador a seu modernismo.

De fato, ao realizar a parodização da história brasileira, Mário de Andrade terminava por afirmar o valor crítico da invenção literária. Nesse sentido, o seu modernismo não está apenas no trato desafogado e rebelde com a língua, como, sobretudo, na maneira de fazê-lo responder a uma amostra mais profunda de *desarticulação* entre literatura e realidade. Ora, é precisamente ao fazer concreta esta desarticulação, e não buscar, exasperado, articulações através de anotações localistas e pontuais, como ocorria em alguns poemas ou contos, que Mário de Andrade realiza aquela sutura, procurada em toda a sua atividade, entre o individual e o coletivo. Pois essa sutura se dá dentro e não fora do texto, respondendo a princípios da própria construção da obra e não a intenções programáticas do autor *missionário*.

Assim, por exemplo, a moldura mitológica e lendária do livro, fruto de uma penosa erudição do autor, dando coerência e consistência à fábula, conferindo rigor ao imaginário, é um tecido incessantemente trabalhado pela consciência histórica que se fundamenta numa refinada consciência da linguagem literária. Por isso, a paródia da História, incrustada no miolo narrativo, é sempre paródia da linguagem, cujo melhor e cabal exemplo é o capítulo IX, sem, entretanto, esquecer o uso proliferante de provérbios, frases feitas e lugares-comuns que desmontam, pela inversão, as caracterizações consagradas de nacionalidade.

Desse modo, pode-se afirmar que, dentro da melhor tradição moderna (e não somente modernista), a *rapsódia* de Mário de Andrade torna complexas e desafiadoras as articulações entre a realidade e a sua representação, fisgando, de modo amplo e problematizador, os desajustamentos entre indivíduo e história ou, para utilizar os termos que vêm ocorrendo neste texto, entre o individual e o coletivo.

Sendo assim, como toda obra realizada, *Macunaíma* configura as preocupações mais profundas de seu autor, pacifica-o em relação a tudo aquilo que foi projeto e pesquisa anterior, mas não é obra de pacificação. Pelo contrário, por tudo o que se disse, deve-se lê-la como obra problematizadora quer em função das teorias que buscavam dar uma interpretação geral do país, quer em função mesmo de Mário de Andrade que, através da criação poética, tem desestabilizadas as suas certezas enfeixadas numa vaga, sempre muito vaga, noção de missão cultural.

Muito mais tarde, em 1942, quando faz a conferência sobre "O Movimento Modernista" – hoje um dos capítulos de *Aspectos da Literatura Brasileira* –, meditação ampla e amarga sobre a sua trajetória de escritor *modernista*, somente uma vez, e muito casualmente, vai mencionar a obra de 1928, aliás, antes o personagem Macunaíma que propriamente a narrativa, e isto numa reflexão acerca da *língua brasileira*:

O estandarte mais colorido dessa radicação à pátria foi a pesquisa da "língua brasileira". Mas foi talvez boato falso. Na verdade, apesar das aparências e da bulha que fazem agora certas santidades de última hora, nós estamos ainda atualmente tão escravos da gramática lusa como qualquer português. Não há dúvida nenhuma que nós hoje sentimos e pensamos o *quantum satis* brasileiramente. Digo isto até com certa malinconia, amigo Macunaíma, meu irmão.

É, na verdade, espantoso como o escritor que, a partir dos anos 30, buscara refazer-se do que ele mesmo chama, na conferência, de fase destruidora do modernismo não perceba, em 1942, que a obra de 1928 já realizara, pela invenção poética, a conciliação entre o individual e o coletivo, que ele tanto lamenta não ter atingido, chegando a ser excessivamente rigoroso com todo o seu passado:

Mas eis que chego a este paradoxo irrespirável: tendo deformado toda a minha obra por um antiindividualismo dirigido e voluntarioso, toda a minha obra não é mais que um hiperindividualismo implacável! E é melancólico chegar assim no crepúsculo, sem contar com a solidariedade de si mesmo. Eu não posso estar satisfeito de mim. O meu passado não é mais meu companheiro. Eu desconfio do meu passado.

Cem anos depois de seu nascimento, os leitores são solidários com o grande criador de *Macunaíma e, com ele, através da obra, estão satisfeitos.*

JOÃO CABRAL
OU A EDUCAÇÃO PELA POESIA

Sem desprezar outros aspectos mais complexos da obra de João Cabral, vou considerar apenas um traço, um modo de relação entre poeta, poesia e leitor: a maneira pela qual é possível extrair da poesia uma lição que o poeta dá ao leitor e a si mesmo e que ele faz um modo de ser próprio de sua poética.

Não se trata somente de registrar os momentos de meditação acerca do poema, quer como movimento de construção, quer como espaço a ser ocupado pela experiência, mas como um percurso de aprendizagem a que o poeta se obriga e, se obrigando, passa a ler nos objetos possíveis de sua linguagem. Lições de poética.

Já em seu primeiro livro, *Pedra do Sono*, de 1942, a presença de textos em que a própria operação poética aparece como tematizada se, por um lado, apontava para a insidiosa consciência do *fazer*, por outro, esta mesma consciência se passava, por assim dizer, nas relações entre poeta e conteúdos de um *dizer* possível. Para exemplo, sirva o primeiro texto, "Poema":

> Meus olhos têm telescópios
> espiando a rua,
> espiando minha alma
> longe de mim mil metros.
> Mulheres vão e vêm nadando
> em rios invisíveis.
> Automóveis como peixes cegos
> compõem minhas visões mecânicas.
> Há vinte anos não digo a palavra
> que sempre espero de mim
> Ficarei indefinidamente contemplando
> meu retrato eu morto.

Este sentido de relações entre poeta e objetos possíveis de poema, que quase sempre apontam para as tensões entre subjetividade e fuga dela, uma aprendizagem que, no primeiro livro, se expande em composições que incorporam conteúdos de outras linguagens (André Masson e Picasso, por exemplo) será também dominante no livro seguinte, *O Engenheiro*, de 1945. Como acontece no poema que tem por título precisamente "A Lição de Poesia", embora em outros casos, como ocorre no poema "O Engenheiro", o aprendizado já se faça mais sutil e se configure antes como uma leitura de linguagem, de forma, que de conteúdos manifestos.

Sendo assim, a segunda estrofe daquele poema embaralha instrumentos de construção, próprios do engenheiro, e conteúdos decorrentes de sua utilização:

O lápis, o esquadro, o papel;
o desenho, o projeto, o número:
o engenheiro pensa o mundo justo,
mundo que nenhum véu encobre.

Do embate entre poeta e poesia, de onde surgirão os livros que, nos anos 50, vão afirmar o sentido da aprendizagem, como *O Cão sem Plumas*, *O Rio*, *Morte e Vida Severina*, *Paisagens com Figuras* e *Uma Faca só Lâmina*, o núcleo mais representativo está, sem dúvida, no tríptico que publica em 1947: *Psicologia da Composição com a Fábula de Anfion e Antiode*.

Fundado numa intensa negatividade acerca das relações entre poeta e poesia, o tríptico, por assim dizer, esvazia a carga de subjetividade perigosamente autocomplacente que rondava os primeiros livros, incertezas e descaminhos de um lirismo herdado, e prepara, por outro lado, o caminho para uma apreensão corrigida da realidade.

Esta apreensão, no entanto, traduz um aprendizado de mão dupla: é o poeta que aprende com a linguagem da poesia e é o poema que aprende com a linguagem dos objetos da realidade. Entre poesia e realidade, o poeta faz do poema um instrumento de aprendizagem.

A partir de *O Cão sem Plumas*, de 1950, está traçado o caminho desse aprendizado: não uma tradução de conteúdos, mas uma recuperação de elementos de articulação que possibilitam esses conteúdos.

Sendo assim, a apreensão do rio Capibaribe se faz antes pela desmontagem metafórica, pela redução a uma linguagem *desemplumada*, que pela acumulação de sentidos, ainda quando tais sentidos pudessem revelar o inverso de sua apreensão habitual. O poeta *ensina* o rio Capibaribe porque foi capaz de aprender, *sem plumas*, com suas paisagens, fábula e discurso. O resultado é um *falar com coisas*, como ele mesmo dirá, muito mais tarde, e com muito humor, em texto de *Agrestes*:

> As coisas, por detrás de nós,
> exigem falemos com elas,
> mesmo quando nosso discurso
> não consiga ser falar delas.
> Dizem: falar sem coisas é
> comprar o que seja sem moeda:
> é sem fundos, falar com cheques,
> em líquida, informe diarréia.

Embora tais procedimentos sejam, em grande parte, responsáveis pela maneira com que o poeta vai fazendo a sua poesia nas obras publicadas nos anos 50, encontrando caminhos adequados para *falar de coisas*, nordestinas ou espanholas, chamem-se mortes e vidas severinas, o rio Capibaribe, paisagens e gentes de sua região ou da Espanha, tudo culminando no alto teor reflexivo de *Uma Faca só Lâmina*, de 1956, é na década seguinte, com *Terceira Feira*, de 1961, reunindo

"Quaderna", "Dois Parlamentos e Serial", e sobretudo com *A Educação pela Pedra*, de 1967, que estará, por assim dizer, completo o processo de aprendizagem do poeta.

O próprio título da última obra da década indicia o périplo cumprido: de *Pedra do Sono* a *Educação pela Pedra*, quer dizer, daquilo que já se insinuava como consciência na primeira obra, em que o lado onírico, fluido e evanescente da poesia é travado pela solidez, consistência e resistência do primeiro (não importando que o título tenha a sua origem em nome de pequena localidade encontrado, por acaso, em mapa da região do poeta), a um aprendizado explícito com aquele mesmo elemento capaz de definir a totalidade dos textos como antilírica, como o próprio poeta dirá em sua dedicatória ao grande lírico Manuel Bandeira.

Mas entre essas obras e as que publicará depois – a única da década de 70, *Museu de Tudo*, e as cinco dos anos 80 –, João Cabral organiza, em 1982, uma antologia dos seus próprios poemas, no volume *Poesia Crítica*, em que, mais que esclarecer, para o leitor eventual (sejam outros poetas e críticos), o roteiro de seu aprendizado, vem revelar a consciência do próprio poeta acerca de uma certa leitura de sua poesia, constituindo uma verdadeira educação pela crítica.

E isso é revelado pela própria estrutura da antologia: numa primeira parte, "Linguagem", estão os poemas que tomam por assunto a criação poética e, numa segunda, "Linguagens", poemas que tratam, como diz

João Cabral, na "Nota do Autor", da "obra ou a personalidade de criadores, poetas ou não".

Mais do que diz o poeta, no entanto, essa segunda parte da antologia é muito rica na demonstração desse aspecto de sua poética para o qual venho chamando a atenção: não são apenas obras ou personalidades de criadores, poetas ou não, que são lidos por João Cabral, mas, sobretudo, objetos da realidade, *coisas*, de que são extraídos modos de ser, formas, linguagens.

E isso pode ser tanto Rilke, Proust, Graciliano Ramos ou Vicente do Rego Monteiro, quanto *El cante hondo*, a secura e a umidade do Nordeste, o Teatro Santa Isabel do Recife, toureiros espanhóis, os movimentos diversos das jogadas de Ademir Menezes ou de Ademir da Guia. Uma espécie daquilo que chamei, em livro[1] sobre o poeta, e que compreendia a sua obra até *A Educação pela Pedra*, de *imitação da forma*, ou seja, uma mimese de linguagens.

Daí duas conseqüências de grande importância para a poética de João Cabral: o realismo, a concreção de sua poesia e as tensões entre transitividade e intransitividade de seus enunciados.

Na verdade, fazer da linguagem da poesia um espaço aberto para o aprendizado com outras linguagens é não apenas ampliar o leque possível das nomeações, mas assumir o risco das tensões entre fazer e dizer.

---

1. *A Imitação da Forma. Uma Leitura de João Cabral de Melo Neto*, São Paulo, Duas Cidades, 1975.

E na própria "Nota", o poeta assume o problema, ao afirmar:

Quanto à idéia de, em poesia, falar de poesia ou de outras formas de criação, crê o autor que ela só parecerá coisa estranha a quem ignora tudo o que escreveu. Quem teve contato com pouca parte de sua obra, sabe que ele nunca entendeu a linguagem poética como uma coisa autônoma, intransitiva, uma fogueira ardendo por si, cujo interesse estaria no próprio espetáculo de sua combustão: mas como uma forma de linguagem como qualquer outra. Uma forma de linguagem transitiva, com a qual se poderia falar de qualquer coisa, contanto que sua qualidade de linguagem poética fosse preservada.

A cláusula restritiva final diz tudo: a transitividade é limitada pela qualidade específica da linguagem poética. Uma especificidade que não se encerra em si mesma, mas que se renova através da aprendizagem com outras linguagens.

Em três das obras que publicou nos anos 80 – *Auto do Frade*, *Agrestes* e *Crime na Calle Relator* –, pode-se detectar a continuidade desse processo de aprendizagem, sobretudo através da retomada e ampliação de alguns temas básicos.

Assim, por exemplo, o *Auto do Frade*, articulando-se claramente com o processo compositivo da obra de 1955, *Morte e Vida Severina*, acrescenta um elemento fundamental à linguagem poética de João Cabral no sentido de sua leitura da realidade: passa-se do social ao histórico, sem que haja uma negação do primeiro, mas sim a sua incorporação, não através de uma apreensão de incidentes apenas anedóticos (o que, sem dúvida, compõe também o quadro da narrativa histórica), mas pela exploração poética das tensões básicas, encarnadas por Frei Caneca, entre a razão pragmática do político rebelde e as elucubrações mais abstratas, lógicas, retóricas, filosóficas, de quem também era um herdeiro da ilustração[2].

Por isso mesmo, os registros populares e eruditos (respectivamente enunciados pelo coro, a multidão que assiste ao sacrifício do Frei, e pelos monólogos do Caneca) são *imitações* tensas de uma história que a ficcionalização do *Auto* busca recuperar sem apaziguamentos retóricos. Uma educação pela história.

Por outro lado, em *Agrestes*, de 1985, livro que, na obra do poeta, pode ser articulado a *Paisagens com Figuras*, de 1956 (aos temas nordestinos e espanhóis acrescentando-se agora os africanos e os hispano-americanos), a variante está na presença da morte individualizada como tema, na parte intitulada, em homenagem a Manuel Bandeira, de "A 'indesejada das gentes' ".

É curioso observar que, no livro seguinte, *Crime na Calle Relator*, de 1987, no poema "O Exorcismo", um diálogo entre o poeta e o psiquiatra, é levantada a questão do porquê de tantos textos escritos sobre a morte. Resposta do poeta:

---

2. Para uma caracterização *ilustrada* do Frei, ver, por exemplo, as páginas a ele dedicadas por Antonio Candido em sua *Formação da Literatura Brasileira*, São Paulo, Martins Editora, 1959.

Nunca da minha, que é pessoal,
mas da morte social, do Nordeste.

E o diagnóstico final da última estrofe pela voz do interlocutor:

Seu escrever de morte é exorcismo,
seu discurso assim me parece:
é o pavor da morte, da sua,
que o faz falar da do Nordeste

É um texto que parece saído do livro anterior, embora em nenhum poema de *Agrestes* seja a morte subjetivizada, sendo sempre apanhada em situações narrativas que se encarregam de criar um espaço de objetividade. Mesmo falando da morte, o poeta está falando de *coisas* e, mais uma vez, aprendendo com elas. Uma educação pela morte.

Da mesma maneira, nos poemas do livro de 1987, aparentemente apenas anedóticos, há uma retomada verticalizante da narrativa de alguns livros dos anos 50, operando-se uma estreita dependência entre poesia e ficcionalidade, fazendo com que a linguagem da poesia seja capaz de fazer transitar núcleos ficcionais através dos quais o poeta amplia a sua (e nossa) educação. Uma educação pela narrativa.

Paul Valéry
E A Comédia Intelectual

A Editora Gallimard começou, em 1987, a publicar integralmente o texto dos *Cahiers*, de Paul Valéry (1871-1945).

Os cinco volumes já editados, o último dos quais é de 1994, abrangem apenas o período entre 1894 e 1914, o que significa que ainda faltam trinta e um anos de escrita ininterrupta, pois as últimas anotações do autor foram feitas às vésperas de sua morte em 20 de julho de 1945.

Publicar integralmente significa não apenas a edição do texto completo – o que não acontecia com a utilíssima edição, em dois volumes, na Bibliothèque de la Pléiade da Gallimard, entre 1973 e 1974 –, como ainda a reprodução das numerosas ilustrações do próprio autor para as suas anotações diárias.

Mas os *Cahiers* não são diários de acontecimentos biográficos em que a vida pessoal do autor seja revelada ao leitor curioso. São, antes, notas fragmentárias de uma reflexão, de uma inteligência que, sem descanso, buscava, pela escrita, relações de analogia entre os mais diferentes campos de conhecimento: psicologia, matemática, física, biologia, fisiologia, poética, história, política, literatura.

Por isso mesmo, não é de espantar que, em 1983, fosse publicado, em Paris, com organização de Judith Robinson-Valéry, nora do poeta e editora dos dois volumes da Pléiade mencionados, um volume que, sob o título de *Fonctions de l'esprit*, trazia textos de "treze sábios" (como diz o subtítulo) que "redescobriam" Paul Valéry. E estes "sábios" não eram críticos literários ou poetas, mas físicos, neurologistas, matemáticos, fisiologistas, filósofos, um Prêmio Nobel de Química, Ilya Prigogine, ou o teórico do caos, René Thom.

Leitores de Valéry, ou mesmo um interlocutor, como é o caso do neurologista Ludo van Bogaert, antigo presidente da Federação Mundial de Neurologia, todos são unânimes em afirmar a atualidade de Valéry, sobretudo o dos *Cahiers*, para as suas áreas específicas de atuação.

No mesmo ano (1894) em que começava as anotações para os *Cahiers*, e que, depois, somarão um conjunto de vinte e nove volumes (publicados numa edição em fac-símile pelo CNRS entre 1957 e 1961 e que existem na Biblioteca Municipal Mário de Andrade), Valéry redigia duas outras obras: *Introduction à la méthode de Léonard de Vinci*, publicada em 1895, e *La soirée avec Monsieur Teste*, de 1896.

Na primeira, além de revelar o seu aprendizado com o pensamento, por assim dizer, analógico de Da Vinci, em que arte e ciência confluem nas anotações especulares do artista italiano, e este será o modelo do próprio Valéry para os *Cahiers*, estabelecia uma maneira de ler autores e obras, em que o que se procurava era antes uma ação poética que uma personalidade criadora, que será essencial para o futuro autor dos cinco volumes de *Variété*.

Quer a leitura de Da Vinci, quer as leituras que fazia de Poe e Mallarmé ou Descartes, tanto quanto a sua própria atividade como poeta, convergem para a criação ficcional de Teste, a primeira expressão, em prosa, pois já havia escrito e publicado o seu primeiro poema de uma série de textos sobre Narciso ("Narcise parle"), daquilo que uma sua estudiosa, Elizabeth Sewell, chamou "mente no espelho". Quer dizer: expressão de uma mente em busca implacável de consciência, embora sabendo das inconstâncias e variáveis nas relações entre o inteligível e o sensível. Mais tarde, Valéry falará de uma comédia intelectual que viesse juntar-se, para ele com vantagem, às de Dante e Balzac: certamente o Monsieur Teste seria um capítulo fundamental desse projeto apenas sonhado.

Creio que a primeira vez que aparece, na obra de Valéry, uma referência a essa comédia está precisamente no texto sobre Da Vinci, *Note et digression*, de 1919: "Eu via nele [Leonardo] o personagem principal desta comédia intelectual que não encontrou até aqui o seu poeta, e que seria para meu gosto bem mais preciosa ainda do que *A Comédia Humana*, e mesmo do que *A Divina Comédia*". E a última referência, bem mais explícita e elaborada, está no ensaio-conferência sobre Voltaire de 1944:

> Acontece-me muito freqüentemente sonhar com uma obra singular, que seria difícil de fazer, mas não impossível, que alguém algum dia fará, e que teria lugar no tesouro de nossas letras, junto à *Comédia Humana*, de que seria um desejável desenvolvimento, consagrada às aventuras e às paixões da inteligência. Seria uma comédia do intelecto, o drama das existências dedicadas a compreender e a criar. Ver-se-ia ali que tudo o que distingue a humanidade, tudo o que a eleva um pouco acima das condições animais monótonas é a existência de um número restrito de indivíduos, aos quais devemos o que pensar, como devemos aos operários o que viver.

Antes da publicação do ensaio sobre Leonardo, da criação de Teste e das primeiras anotações dos *Cahiers*, tudo acontecendo entre os anos de 1894 e 1896, Valéry havia já publicado, em revistas como *Conque*, *Centaure*, *Syrinx*, *Ermitage* ou *Plume*, poemas, ou "exercícios de poemas", como ele preferia chamá-los, e que depois, alguns, serão reunidos em sua primeira coletânea de poesias, *Album de vers anciens 1890-1900*, somente publicada em 1920.

Poemas como "La fileuse", "Au bois dormant", "Le bois amical", "Narcise parle", "Sémiramis" ou "L'amateur de poèmes", sobre os quais discutia, lia e relia para os seus amigos parisienses Pierre Loüys e André Gide, enquanto ainda vivia em Cette (depois Sète), conforme atestam as numerosas e intensas correspondências trocadas entre os três amigos. (A correspondência com André Gide, organizada, editada e profusamente anotada por Robert Mallet e publicada pela Gallimard em 1955, é de enorme importância para o estudo da evolução dos dois autores.)

Mas é também desse período anterior à data chave de 1894, não apenas o primeiro ensaio de Valéry, "Sobre a Técnica Literária", na verdade uma leitura da poética de Poe, de 1889, mas só revelado ao público postumamente, em 1946, graças às incansáveis pesquisas de Henri Mondor, como ainda traduções de um soneto de Dante e de uma canção de Petrarca, ambas sob o pseudônimo de M. D., na revista *Chimère*, em 1892, conforme informação da filha do poeta, Agathe Valéry-Rouart, na indispensável "Introduction Biographique" que escreveu para a edição, em dois volumes, das *Oeuvres* de Valéry, na Bibliothèque de la Pléiade, publicada em 1957 e 1960.

Não será a última vez que Paul Valéry enfrentará a tradução de autores clássicos: nos derradeiros anos de sua vida, mais precisamente entre 1942 e 1944, trabalhará na tradução das *Bucólicas*, de Virgílio, cuja publicação será precedida de uma notável introdução sobre os problemas gerais da tradução de poesia.

Aliás, essa tradução, juntamente com o drama *Mon Faust*, constituído pelas cenas "Lust" e "Le Solitaire", escrito em 1940, assim como a composição do poema "L'Ange", de 1945, formará o conjunto daquilo que de mais importante escreveu Valéry na última década de sua existência, deixando de lado alguns textos de circunstância, conferências ou prefácios, que continuou proferindo ou escrevendo até os seus últimos dias. Por outro lado, entretanto, sabe-se hoje que é também de 1889 um esboço de conto realizado por Valéry, o *Conte vraisemblable*, publicado somente em 1957 por Octave Nadal.

Na verdade, onze desses contos, que permaneceram inéditos, foram reunidos no volume *Histoires brisées* e publicados pela Gallimard em 1950.

Desse modo, hoje é possível ter uma imagem mais complexa do Paul Valéry dos primeiros anos de atividade criadora: tanto o poeta dos "ensaios de poemas" que comporão o *Album de vers anciens*, ou o tradutor de poesias, quanto o ensaísta de Leonardo, ou o ficcionista dos contos ou do Monsieur Teste.

Depois da publicação desta última obra, em 1896, e já residindo em Paris desde 1894, se inicia, para Valéry, um longo período de silêncio poético, mas não de reflexões, como dão prova as páginas dos *Cahiers*, abrigando, sem interrupção, suas inquietações intelectuais, ou mesmo um texto importante e premonitório, como "La conquête allemande" (depois republicado com o título de "Une conquête méthodique"), sobre o crescente expansionismo germânico, de 1897.

Das anotações dos *Cahiers*, por outro lado, surgirão os vários textos de reflexões e aforismos publicados nos anos 20 e 30, e depois constituindo os dois volumes de *Tel Quel*, editados em 1941 e 1943, respectivamente, como, por exemplo, o *Cahier B 1910*, de 1924.

Todo o período de vinte anos de silêncio poético e de intensa reflexão é, ao menos publicamente, rompido com a publicação, em 1917, do poema "La jeune parque".

É provável que o poema tenha sido iniciado em 1912, sob pressão da Gallimard, sobretudo através de Gide, para que Valéry reunisse, em volume, a sua obra já publicada, incluindo tanto as poesias iniciais quanto o ensaio sobre Leonardo ou a ficção de Teste, conforme uma carta de André Gide de 31 de maio de 1912, a que ele acrescentava ainda a hipótese de Valéry incluir o ensaio sobre o expansionismo alemão.

Na verdade, foi lendo e relendo os seus textos iniciais, aqueles "exercícios de poemas", a que tantas vezes se refere, que Valéry foi, aos poucos, e durante os cinco anos seguintes, meditando e compondo os versos desse longo poema. (Diga-se que do poema existe uma notável tradução brasileira realizada por Augusto de Campos, incluída no livro *Linguaviagem*, editado pela Companhia das Letras em 1987.) Embora, na dedicatória do poema a André Gide, fale de "La Jeune Parque" como "exercício", a publicação do texto foi de importância decisiva para a imagem do poeta: recebido com enorme entusiasmo pelos que se dedicavam à poesia e à literatura, lido em diversas sessões públicas, resenhado favoravelmente pela crítica especializada, o poema modificou a vida do poeta.

Por um lado, assegurou a Valéry, por assim dizer, uma personalidade pública, fazendo aumentar o círculo daqueles leitores interessados pela sua obra anterior, e, por outro, levando o próprio poeta a rever os seus textos, os vinte e um poemas, que comporão o *Album*.

Mais que isso, no entanto, o poema realizava a sutura de tudo o que havia sido central em sua existência, fosse a escrita dos ensaios, das anotações para os *Cahiers*, das ficções e dos "exercícios de poemas" e das próprias reflexões que sustentavam todas aquelas atividades.

Nesse sentido, é muito interessante o depoimento do próprio Valéry a Frédéric Lefèvre, em *Entretiens avec Paul Valéry*, a respeito da origem do livro de 1920. Diz o poeta:

> Fez-se datilografar os vários pequenos poemas que repousavam nas revistas de outrora e eu me encontrei na presença de meus antigos versos que considerava com um olho desabusado e infinitamente pouco complacente. Divertia-me em modificá-los com toda a liberdade e o distanciamento de um homem que estava desde muito tempo habituado a não mais se inquietar com a poesia. Retomei um certo gosto com este trabalho de que havia perdido a prática e veio-me a idéia de fazer uma última peça, uma espécie de adeus a estes jogos da adolescência... Foi a origem de "La jeune parque".

Assim, definido como "exercício" na dedicatória a Gide ou pensado como despedida a um certo tipo de poesia, o poema era submetido a rigorosas exigências formais a fim de traduzir tudo aquilo que o longo silêncio poético e as intensas meditações foram sedimentando como desafio intelectual para a continuidade da atividade criadora.

Na verdade, os 512 versos alexandrinos, de rimas emparelhadas e as estrofes irregulares se, por um lado, deixam entrever uma construção rítmica e semântica de grande coesão, por outro, não escondem a estrutura fragmentária do poema – já se tem dito que o poema é constituído de três partes, incluindo dezesseis fragmentos – obrigando a uma leitura também fragmentária, que, por sua vez, instaura uma *outra* referencialidade: aquela que imprime no leitor a sensação de que cada verso, cada relação entre palavras, cada conquista sonora, têm um valor de sentido sempre pressentido, sempre adiado, mas sempre presente como possibilidade de linguagem. E esse valor se define porque o poema se oferece, desde o início, como pergunta sobre o gesto primeiro do próprio poema: a consciência que se indaga sobre si mesma pela voz da jovem parca, e por isso se divide, é uma consciência de linguagem, arrastando para o espaço do poema o sentido da perda de referencialidade. Entre a "Harmonieuse MOI" e a "Mystérieuse MOI" (que Augusto de Campos, com enorme acerto, verte por "Harmoniosa MIM" e "Misteriosa MIM", respeitando a fuga de Valéry do "odioso Eu"), que traduzem aproximadamente razão e emoção, ou seja, entre morte e vida, cuja sucessão só se explica e se justifica pela apreensão num espaço de linguagem, o poema instaura um intervalo, *é* um intervalo em que os vários e contraditórios *mins* encontram repouso num *MIM* de diálogo e de aceitação da existência. Sendo assim, se a parca remete à morte e suas tessituras, a jovem parca é ainda um momento de incerteza, de preparação entre a vida e a morte, e termina traduzindo o gesto poético pelo qual é também traduzida.

Nesse sentido, a jovem parca é mais que um mito para o poema: é o próprio poema. Da mesma maneira que o cisne de Mallarmé, no soneto "La vierge, le vivace et le bel aujourd'hui", deixou de ser uma metáfora para o poeta e para o poema, como o era no poema "Le Gygne", de Baudelaire, assim o mito clássico, em Valéry, é transformado em estratégia para a pergunta essencial pelo início do poema – traço característico das obras que, no século XX, pretendem continuar a prática da poesia ou da literatura.

Eis, portanto, a medida mais íntima da importância de "La jeune parque" para a imagem e a vida do poeta: aquilo que era declaradamente um adeus a experiências poéticas anteriores é também, *et pour cause*, o começo de uma linguagem pessoal de experiências com a criação, envolvendo não somente a realização de novos poemas, mas de uma exuberante meditação ensaística sobre ela.

De fato, nos cinco anos que se seguiram à publicação de "La jeune parque", Valéry não apenas fez aparecer os poemas revistos para o *Album*, como ainda trabalhou nos vinte e um poemas que comporão a sua segunda coletânea: o volume *Charmes*, de 1922. Dois textos incluídos na coletânea destacam-se pela importância que adquiriram na obra do poeta: "Le cemitière marin", publicado em *La Nouvelle Revue Française*, em 1920 (de que existem várias traduções brasileiras, sendo a última de Jorge Wanderley, de 1974), e "Ébauche d'un serpent", editado pela mesma revista em 1920 (de que existe tradução brasileira de Augusto de Campos, de 1984). Esses dois poemas dão bem a idéia do patamar a que chegara a realização poética em Valéry: é a linguagem da poesia articulando as regiões mais diversas e contraditórias de uma personalidade, evoluindo entre emoções, sensações, memórias pessoais e culturais e uma aguda consciência reflexiva acerca do próprio fazer poético. Sejam as presenças da morte e da vida, do tempo e do espaço, do absoluto e do relativo, da imobilidade do cemitério ou do eterno retorno e continuidade do mar, como está no "Cemitério Marinho", sejam as dramáticas situações dos limites e das conseqüências do conhecimento intelectual às voltas com a sensualidade e o desejo, emblematizadas pela figura onipresente da serpente, como no "Ébauche d'un serpent", tudo é recolhido pelo exercício de uma linguagem poética que se propõe como condição absoluta de uma possibilidade de dizer seja o que for enquanto comunicação, isto é, para repetir uma formulação posterior do poeta, "uma linguagem dentro da linguagem", que, por ser assim, intensifica os valores da experiência. A frase de Valéry está na conferência proferida na Universidade de Oxford, em 1939, e no mesmo ano publicada como "The Zaharoff Lecture for 1939" sob o título "Poèsie et pensée abstraite" e que, na verdade, por assim dizer, resumia as suas reflexões sobre os três principais vetores de todas as inquietações intelectuais com que sempre se debateu: poesia, linguagem e pensamento. Na realidade, era tão pessoal e íntimo o modo de enfrentar as questões a que se propunha na conferência que, num determinado momento, chega a uma formulação iluminadora e lapidar acerca das relações entre teoria e vida pessoal do poeta-pensador. Diz ele: "Na verdade, não existe teoria que não seja um fragmento, cuidadosamente preparado, de alguma autobiografia".

Aliás, todo o ensaio-conferência é assim atravessado por frases lapidares e formulações precisas, complexas e enriquecedoras sobre a comunicação poética, as relações entre pensamento e linguagem, as tensões do trabalho do poeta com a linguagem etc., etc.

Por outro lado, a origem do ensaio assinala bem a posição então assumida por Valéry no contexto intelectual europeu: um poeta e pensador já reconhecido internacionalmente, passando grande parte de seu tempo fazendo conferências nos centros culturais mais prestigiados, traduzido em todas as línguas de alcance universal, desde, por exemplo, o espanhol de Jorge Guillén ao alemão de R. M. Rilke.

De fato, depois da publicação de *Charmes*, e já tendo publicado os dois grandes poemas depois ali incluídos, assim como os diálogos *Eupalinos ou l'architecte* e *L'âme et la danse*, de 1921, a figura intelectual de Valéry está consolidada: um poeta para quem importa a tradição clássica, mas que não se estiola na repetição de modelos, e um pensador de sua época para quem o desenvolvimento das várias áreas de investigação científica é, por assim dizer, sentido e refletido nas reflexões não apenas sobre a poesia, mas ainda sobre o próprio movimento das idéias gerais do tempo.

Este último aspecto fica patente, por exemplo, nas duas cartas que escreveu, em 1919, para o famoso jornal londrino *The Athenaeum*, logo depois reunidas sob o título de "La crise de l'esprit", e que se iniciam pela frase célebre com que Valéry apreendia, de modo fulgurante, o estado de ânimo resultante dos primeiros meses da Grande Guerra: "Nós outras, civilizações, nós sabemos agora que somos mortais".

As duas cartas formarão o texto de abertura do volume *Variété*, de 1924, o primeiro de uma série de cinco, dois dos quais publicados nos anos 20 (o segundo será editado em 1929), que aparecerão até 1944 e que reunirão conferências, prefácios, discursos, ensaios, enfim, tudo aquilo que de mais importante foi possível a Valéry preservar em forma mais permanente de livro. O miolo, diga-se assim, de sua atividade de ensaísta que, sem dúvida, tinha a sua origem mais íntima na escritura diária e ininterrupta dos *Cahiers*. Para compreender a importância ensaística dos dois volumes publicados nos anos 20, basta mencionar os assuntos tratados: no primeiro, além do texto sobre política, ensaios sobre La Fontaine, teoria da poesia, Poe, Pascal, uma homenagem a Proust e a *Introdução ao Método de Leonardo Da Vinci*, seguida de "Note et digression"; no segundo, dois textos sobre Descartes, ensaios sobre Bossuet, Montesquieu, Stendhal, Baudelaire, Verlaine, quatro textos sobre Mallarmé, um sobre Huysmans, texto sobre os mitos e outro sobre os sonhos. Pode-se perceber, portanto, como, juntamente com as peças de criação citadas, os volumes de *Variété* solidificam a imagem pública de Valéry, o que, certamente, concorreu, muito naturalmente, para que, em 1927, fosse eleito para a Academia Francesa, onde ficou célebre e causou controvérsia o discurso que fez sobre o seu antecessor, Anatole France, sem que, em nenhum momento, citasse o nome do velho escritor. Dos ensaios mencionados de *Variété*, vale a pena, talvez, destacar aquele sobre Baudelaire, que está no segundo volume, intitulado "Situation de Baudelaire", originalmente uma conferência proferida em Mônaco em 1924. E talvez valha a pena o destaque porque, naquele ensaio, Valéry configura, de modo preciso, não apenas a importância francesa e européia da publicação de *Les fleurs du mal*, como marca a sua própria filiação a uma vertente da poesia francesa simbolista que seria decorrente da presença de Baudelaire naquela tradição que se inaugurou depois da vasta obra de Victor Hugo: a vertente representada pelos nomes de Verlaine, Mallarmé e Rimbaud. Três poetas para os quais, segundo Valéry, foi decisiva a leitura, e a influência daí resultante, de Baudelaire. E, num movimento de leitura da interioridade das poesias de cada um desses poetas e do próprio Baudelaire, diz Valéry:

[...] o sentido do íntimo e a mistura poderosa e turva da emoção mística e do ardor sensual que se desenvolvem em Verlaine; o frenesi da partida, o movimento de impaciência excitado pelo universo, a profunda consciência das sensações e de suas ressonâncias harmoniosas, que tornam tão enérgica e tão ativa a obra breve e violenta de Rimbaud, estão nitidamente presentes e reconhecíveis em Baudelaire. Quanto a Stéphane Mallarmé, cujos primeiros versos poderiam confundir-se com os mais belos e os mais densos das *Flores do Mal*, ele continuou em suas conseqüências mais sutis as pesquisas formais e técnicas de que as análises de Edgar Poe e os ensaios e os comentários de Baudelaire lhe haviam comunicado a paixão e ensinado a importância. Enquanto Verlaine e Rimbaud continuaram Baudelaire na ordem do sentimento e da sensação, Mallarmé o prolongou no domínio da perfeição e da pureza poética.

Como não reconhecer na última afirmação sobre o traço decisivo da importância de Mallarmé a herança com que se teve de haver, para também continuar, Paul Valéry? Já no importante prefácio que escreveu para o livro de poemas de Lucien Fabre, *La connaissance de la Déesse*, publicado em 1920, Valéry abordara a questão da "poesia pura", considerando-a como um ideal a ser atingido pela própria evolução da linguagem poética a partir de Baudelaire e do Simbolismo: "No horizonte, sempre, a poesia pura... Lá o perigo; lá, precisamente, nossa perda; e lá mesmo, o fim". Este texto, que está no primeiro volume de *Variété*, seria melhor reconsiderado no ensaio "Poésie pure. Notes pour une conférence", publicado em *Calepin d'un poète*, de 1928. E o que é mais importante nesse ensaio é o fato de Valéry buscar desfazer o equívoco criado em torno da expressão utilizada no "Prefácio": propondo que se possa substituí-la por "poesia absoluta", chama a atenção, sobretudo, para o fato de que não se trata de uma acepção moralista de pureza, mas, antes, analítica. "A inconveniência deste termo 'poesia pura' [diz ele] é fazer sonhar com uma pureza moral que não está aqui em questão, sendo a idéia de poesia pura, ao contrário, para mim, uma idéia essencialmente analítica." Os esclarecimentos de Valéry visavam aqueles que viram no termo e no conceito uma posição desdenhosa do poeta para com aquilo que a poesia possa a vir comunicar em termos de conteúdo, e, no entanto, o mesmo tipo de incompreensão continuou depois, sem que se atentasse para uma frase lapidar de Valéry, que se encontra no mesmo *Calepin*: "LITERATURA. O que é a 'forma' para todo mundo é o 'fundo' para mim". Ou mesmo este outro aforismo do mesmo livro: "POETA. Tua espécie de materialismo verbal. Tu podes considerar *do alto* romancistas, filósofos, e todos aqueles que são submetidos à palavra pela credulidade – que *devem* crer que seu discurso é *real* por seu conteúdo e significa alguma realidade. Mas tu, tu sabes que o real de um discurso são as palavras, somente, e as formas".

A mesma atitude analítica defendida pelo poeta nesses textos está também em outro, "Propos sur la poésie", inicialmente uma conferência na Université des Annales, em 1927, e, no ano seguinte, publicado em opúsculo. Em todos, a fundamental articulação entre idéias gerais acerca da estrutura da poesia e a paciente e atenta análise das relações entre linguagem, poesia e poeta, tudo a partir de sua própria experiência com a escrita ininterrupta dos *Cahiers*. Uma espécie de materialismo lingüístico fundado na experiência com os deslocamentos incessantes entre som e sentido, limites e possibilidades da atividade poética. Por isso, naquela conferência de 1927, ao tratar da questão essencial da comunicação pela poesia, podia afirmar:

[...] o poema não morre por ter servido; ele é feito expressamente para renascer de suas cinzas e voltar a ser indefinidamente o que acabou de ser. Reconhece-se a poesia por esse efeito notável, pelo qual poderia ser definida: ela tende a reproduzir-se em sua forma, instiga nossos espíritos a reconstituí-la tal e qual. Se me fosse permitida uma palavra extraída da técnica industrial, diria que a forma poética se recupera automaticamente.

Tal e qual: a reflexão *en abîme* não mais deixará Valéry. Seja na composição dos poucos poemas dos anos 30 e 40, seja na realização dos melodramas *Amphion* e *Sémiramis*, seja na recuperação do mito faústico em *Mon Faust*, seja, enfim, nas muitas coletâneas de ensaios, como os três volumes de *Variété*, os dois de *Tel Quel*, o volume de ensaios políticos *Regards sur le monde actuel* ou aquele sobre artes, *Pièces sur l'art*.

Por outro lado, essa qualidade da reflexão valeryana é também responsável pela característica fragmentária de seus textos: uma busca obsessiva que implica a repetição e que chega a beirar o solipsismo. Por isso, já se disse, e creio que com razão, que, talvez, o melhor Valéry nunca esteja onde se está lendo: cada um de seus textos faz pensar em outro texto e obriga à releitura.

Personagem e autor implícito daquela comédia intelectual com que sonhava desde, pelo menos, 1919, nas duas últimas décadas de sua vida, Valéry revela-se ele próprio um sujeito fragmentário, existindo, por um lado, entre o decoro acadêmico, a fama internacional e a recepção generalizada como um poeta neoclássico, e, por outro, como o secreto autor dos *Cahiers*, conhecido aqui e ali por volumes contendo extratos daquele trabalho de Sísifo, ou o teórico do anarquismo (somente revelado com a publicação, graças à seu filho François Valéry, do livro *Os Princípios da Anarquia Pura e Aplicada*, em 1984). Creio que quem melhor apreendeu as dualidades de Valéry, sobretudo aquelas explicitadas em seus últimos anos, foi o crítico norte-americano Roger Shattuck. Na verdade, num ensaio em que busca caracterizar aquelas dualidades, sugestivamente intitulado "Paul Valéry: Sportsman and Barbarian", incluído no livro *The Innocent Eye*, Shattuck reflete, por um lado, sobre a possibilidade de conciliação entre o autor "difícil", aquele que tinha a "poesia pura" como horizonte ideal de atividade, e o autor das inscrições murais no Palais de Chaillot, o Museu do Homem, realizadas em 1937, precisamente o ano em que foi feito o primeiro ocupante da cadeira de poética do prestigioso Collège de France, e, por outro, o escritor para quem, em suas próprias palavras, "no futuro, o papel da literatura será próximo ao de um esporte". No primeiro caso, as quatro estrofes de cinco versos, escritas com a concisão e a objetividade próprias à ocasião, conservam, no entanto, a austeridade do verso à maneira clássica de que as duas estrofes iniciais podem servir de exemplo:

> Il depend de celui qui passe
> Que je sois tombe ou tresor
> Que je parle ou me taise
> Ceci ne tient qu'a toi
> Ami n'entre pas sans desir
> Tout homme cree sans le savoir
> Comme il respire
> Mais l'artiste se sent creer
> Son acte engage tout son etre
> Sa peine bien-aimee le fortifie

Comentando o conjunto das inscrições, diz Shattuck:

Estas vinte linhas declaram o que nem sempre é fácil de discernir lendo seu verso belamente cinzelado: Valéry não pode ser classificado como o último grande devoto da arte pela arte. Esta ocasião bastante institucional permitiu a Valéry ficar completamente à vontade na fronteira sem mapa que liga o jornalismo à poesia, eleva os sentimentos a intimidades, o espírito criativo ao ato público, o corpo à mente.

De fato, a disposição para utilizar a linguagem da poesia com uma função que a aproxima da propaganda, embora buscando conservar os seus valores de poeticidade, retira Valéry do nicho em que parecia ter sido colocado para sempre, ou seja, daqueles poetas avessos a uma comunicação mais direta com o público.

Por outro lado, a concepção da literatura, para o futuro, como um jogo não é tão corriqueira quanto possa parecer. Na verdade, e neste sentido muito próximo das reflexões de um grande pensador seu contemporâneo, o filósofo Wittgenstein, como já se reconheceu, para Valéry o jogo da arte tem antes que ver com a própria interioridade dos fundamentos da linguagem e suas relações com o pensamento. Desse modo, diz Shattuck:

> A arte não como um supremo valor espiritual ou uma nova crença, nem como algo puramente decorativo ou sem propósito. Antes a arte, competindo com as forças reais e as promessas da ciência, se tornará um valioso exercício de atos mentais, um processo cujos produtos estão atrás da marca, exceto na medida em que melhoram, ampliam e ultrapassam o jogo. Todos podemos jogar e ele traz grande alegria. Naturalmente, os verdadeiros profissionais como Valéry são bastante raros. Quando eles jogam vale a pena assistir porque assistir a uma jogada tão perfeita é participar. O espectador verdadeiramente ativo saberá, de saída, que, como o artista e o criminoso, ele é tanto o efeito como a causa de suas obras.

Entre o "bárbaro", para quem a poesia podia ter uma função pragmática que a afastava dos horizontes ideais da "pureza" e do absoluto, e o "esportista" do futuro, jogando com a seriedade das regras estritas da linguagem, Valéry manteve a postura levemente dramática, levemente cômica, de quem se sabia contraditório. Um crítico recente chega a apontar a ironia de, ao mesmo tempo, ter sido o último poeta a ter honrarias nacionais quando de seu sepultamento e ser, no essencial, isto é, naquilo que, secretamente, trabalhava sem cessar nos *Cahiers*, um desconhecido para o leitor médio de seu tempo. Um autor que, vindo do século XIX, nascendo no momento mesmo da Guerra Franco-Prussiana, vivendo as duas Guerras Mundiais do século XX, projeta-se, como já observou Italo Calvino, para o pórtico do próximo milênio. Quando, quem sabe, será um capítulo decisivo daquela tão sonhada comédia intelectual a escrever.

VARIAÇÕES SOBRE *EUPALINOS*

Valéry sabia valorizar a tipografia. Conta Jorge Guillén, que conheceu e freqüentou o poeta nos anos 20, que, sobre uma mesa destacada na sala de sua casa, na rue de Villejust, estava sempre exposta uma edição das obras completas de Racine realizada pelo grande Bodoni.

Não são poucas as referências de Valéry a belas edições e o próprio poeta teve algumas vezes o privilégio de ser editado de forma especial, a última das quais talvez seja a do texto, até então inédito, *Alphabet*, publicado pelo editor Blaizot da famosa Librairie Auguste Blaizot, do faubourg Saint-Honoré, especialista em bibliofilia e *beaux-livres*.

Não é de surpreender para quem, como Valéry, a experiência com a poesia esteve sempre acompanhada pelo exercício da pintura, sobretudo a aquarela, de que nos deixou exemplos interessantes como ilustrações para algumas das numerosas páginas dos *Cahiers*, tendo, inclusive, experimentado a escultura na realização de uma cabeça do pintor Degas, que, segundo sua nora, a estudiosa e editora Judith-Robinson Valéry, ainda se encontra na casa parisiense de seu filho Claude, já falecido, com quem ela era casada.

É claro que tudo isso se refere apenas a experiências de ordem pessoal, não se desprezando o próprio fato de que, desde os seus inícios, Valéry esteve sempre inclinado à meditação sobre os fundamentos das artes visuais e suas relações com o pensamento e a linguagem, como o demonstra, de modo admirável, a sua composição, de enorme complexidade para um jovem mal entrado nos vinte anos, acerca de Leonardo da Vinci.

Pensada e escrita no início dos anos 90, juntamente com as páginas iniciais daquilo que viria a ser o ciclo magistral do *Monsieur Teste*, a *Introduction à la méthode de Léonard de Vinci*, assim como a ficcionalização da inteligência em Teste, é também uma introdução ao método de Paul Valéry, seja o que for o que se entenda por método. Na base, todavia, estava aquela indissolubilidade entre o sensível e o inteligível que ele apreendia tanto no *ostinato rigore* de Leonardo quanto no princípio de consistência elaborado e defendido por Poe em *Eureka*. Tratava-se daquela "lógica imaginativa" que se funda no encontro de relações "entre coisas cuja lei de continuidade nos escapa", percebida quer por Leonardo, quer por Poe – cuja idéia da obra de arte como uma máquina "destinada a excitar e a combinar as formações individuais" é citada ao fim da *Introduction* –, num movimento analógico vertiginoso, ou "vertigens da analogia", como diz o próprio Valéry.

Mas o Poe desses anos iniciais é ainda o da *Filosofia da Composição*, aquele que dominava a admiração de Valéry pela confiança no poder do pensamento e da consciência sobre os imponderáveis da sensibilidade, conforme ele próprio revela no primeiro ensaio que escreveu, em 1889, intitulado "Sobre a Técnica Literária".

Trinta e dois anos mais tarde, em 1921, escrevendo a introdução para a tradução francesa de *Eureka*, fará referências àqueles encontros de juventude com a obra do poeta norte-americano: "J'avais vingt ans, et je croyais à la puissance de la pensée". E de como a obra de Poe vinha preencher uma lacuna que ele detectava na tradição francesa da poesia: "Lucrèce, ni Dante, ne sont Français. Nous n'avons point chez nous de poètes de la connaissance". Estes seriam, para ele, aqueles poetas que realizariam "obras de grande estilo e de uma nobre severidade, que dominam o sensível e o inteligível".

É do mesmo ano a publicação de *Eupalinos*, na revista *Architectures*, um volume monumental, com tiragem de quinhentos exemplares, e trazendo a seguinte especificação:

Recueil publié sous la direction de Louis Suë et André Mare, comprenant un dialogue de Paul Valéry et la présentation d'ouvrages d'architecture, décoration intérieure, peinture et gravure contribuant depuis mil neuf cent quatorze à former le style français, Éditions de la Nouvelle Revue Française, 1921.

A data de publicação é importante: trata-se de período em que Valéry não apenas intensifica o movimento de grande criatividade que iniciara em 1917, com a publicação do admirável *La jeune parque*, mas organiza o livro de sua maturidade poética, *Charmes*, que será publicado no ano seguinte.

Sendo assim, este "Dialogue des morts", como era chamado o texto em sua primeira publicação, é obra da maturidade do poeta, e sua origem "de encomenda", como acontecia com muitos outros textos do poeta, é assinalada nas preciosas entrevistas concedidas por Valéry a Frédéric Lefèvre: *"Eupalinos ou l'Architecte* m'a été commandé par la revue *Architectures*, que fixa même le nombre de lettres [115 800] que devait avoir mon essai. Un critique récemment, trouvait ce dialogue trop long. On voit que sa longueur n'est pas de moi". A fixação do número de caracteres pelos editores talvez seja mesmo responsável pela forma de diálogo adotada por Valéry: para se adaptar àquele número, além de possíveis cortes efetuados nas provas tipográficas (e o poeta refere-se a eles em carta a Dontenville de 1934: "Les vastes feuilles d'épreuves que je reçus me firent l'étrange impression de tenir un ouvrage du XVIe siècle et d'être mort depuis quatre cents ans"), o diálogo permitia a interrupção ou a continuidade onde fosse necessário ajustar-se ao número de letras exigido pela composição tipográfica.

De fato, na mesma carta a Dontenville, referindo-se ao limite rigoroso dos 115 800 caracteres, ou *signes*, como prefere Valéry, diz ele:

> Cette rigueur, d'abord étonnante et rebutante, mais exigée d'un homme assez accoutumé à celle des poèmes à forme fixe, l'a fait songer d'abord; trouver ensuite que la condition singulière à lui proposée pouvait être assez aisément satisfaite en employant la forme très élastique du *Dialogue*. (Une réplique insignifiante, introduite ou supprimée, permet, par quelques tâtonnements, de remplir des conditions métriques fixées.)

É claro que a urgência tipográfica explica apenas em parte a adoção da forma "Diálogo", sobretudo este, habitado por personagens platônicas, tais como Sócrates e Fedro. A sua razão mais profunda está, sem dúvida, na convivência de Valéry com a cultura clássica, embora tenha sempre se manifestado modestamente acerca de seus conhecimentos rudimentares do grego e do latim. (O que não o impedirá de traduzir, de modo admirável, no fim da vida, os versos virgilianos das *Bucólicas*.)

Na verdade, em seus poemas mais importantes, desde *La jeune parque* e alguns textos que compõem o *Album de vers anciens* até o conjunto de *Charmes*, a presença da história, da mitologia e, sobretudo, da poesia clássica é um forte e denso tecido de referências para a conversa sempre renovada entre épocas por intermédio da linguagem da poesia. Alguns temas clássicos, por exemplo, assumem para Valéry a condição de veículos recorrentes para a exploração de sua própria identidade, por assim dizer, intelectual, como acontece com os poemas dedicados a Narciso ("Narcisse parle", "Fragments du Narcisse" e "Cantate du Narcisse"): "a mente no espelho", que era Paul Valéry, segundo a sua arguta leitora Elizabeth Sewell, lê no mito clássico, como também fará em "Amphion", o percurso e os precursores daquela "Comédia Intelectual" que, segundo ele, "seria [...] bem mais preciosa ainda que *A Comédia Humana* e mesmo que a *Divina Comédia*", como está dito no texto sobre Da Vinci de 1919, *Note et Digression*.

Creio que *Eupalinos ou l'Architecte* é um fragmento daquela Comédia, assim como o ciclo de *Monsieur Teste* seria um de seus capítulos fundamentais.

Na verdade, num dos "Dois Prefácios" escritos para a tradução norte-americana de William McCausland Stewart dos "Diálogos", incluída nas *Obras Coligidas de Paul Valéry*, editadas por Jackson Mathews e publicadas nas prestigiosas Bollingen Series pela Princeton University Press, Wallace Stevens, depois de relacionar afirmações dispersas em *Eupalinos* e que seriam o essencial da conversa entre Sócrates e Fedro, faz algumas perguntas fundamentais:

[...] what in fact have they been talking about? And why is Valéry justified when, in his closing words, Socrates says: "[...] all that we have been saying is as much a natural sport of the silence of these nether regions as the fantasy of some rethorician of the other world who has used us as puppets!" Have we been listening to the talk of men or of puppets? These questions are parts of the fundamental question, What should the shades of men talk about, or in any case what may they be expected, categorically, to talk about, in the Elysian fields?

A resposta de Sócrates a esta grave questão parece vazia a Wallace Stevens.

Diz o poeta norte-americano que ela está na seguinte questão, muito coerentemente com o método socrático, proposta por Sócrates a Fedro:

Ne crois-tu pas que nous devions maintenant employer cet immense loisir que la mort nous abandonne, à nous juger nous-mêmes, et à nous rejuger infatigablement, reprenant, corrigeant, essayant d'autres réponses aux événements qui sont arrivés; et cherchant, en somme, à nous défendre de l'inexistence par des illusions, comme font les vivants de leur existence?

Mesmo que se aceite que esta seja a resposta para as questões sugeridas por Wallace Stevens, e isto "categoricamente", como está em seu texto, o nível de generalidade poderá parecer excessivo, a não ser que se acentue o valor das "ilusões", estabelecendo-se uma bela coerência em relação àquele "jeu naturel du silence", criador de *marionnetes*, que está na última fala de Sócrates.

Defender-se da inexistência ou da existência pelas ilusões, sem desconhecer que elas são tais, é entrar no jogo da comédia intelectual. E assim é porque o fundamento da Comédia está na decepção, ou seja, na impossibilidade, dentro dos limites humanos, de resolver a equação que comanda as relações entre os opostos ou daqueles que, aparentemente não sendo, estão destinados aos desencontros por força das aporias. A consciência disso não significa a sua resolução, mas, no máximo, a compreensão das regras do jogo, base da Comédia, fonte das ilusões, procriadora de marionetes.

Na verdade, nas palavras finais de Sócrates, citadas por Stevens, tanto ele quanto Fedro são considerados, *simultaneamente*, indivíduos participantes do "jogo natural" e objetos de retórica.

Nem homens nem marionetes, mas falas produzidas pelas condições em que se encontram, sombras de Sócrates e de Fedro, possibilidades de ser, onde até mesmo é possível a existência "ilusória" de um Anti-Sócrates que se dirige a um Anti-Fedro. E este Anti-Sócrates se define como construtor, não em oposição mas como complemento do outro, o Sócrates da dialética e da perseguição implacável ao conhecimento:

> Ce ne fut pas utilement, je le crains, chercher ce Dieu que j'ai essayé de découvrir toute ma vie, que de le poursuivre à travers les seules pensées; de le demander au sentiment très variable, et très ignoble, du juste et de l'injuste, et que le presser de se rendre à la sollicitation de la dialectique la plus raffinée. Ce Dieu que l'on trouve ainsi n'est que parole née de parole, et retourne à la parole. Car, la réponse que nous nous faisons n'est jamais assurément que la ques-

tion elle-même; et toute question de l'esprit à l'esprit même, n'est, et ne peut être, qu'une naïveté.

Até aqui, o primeiro Sócrates, o daquela "dialectique la plus raffinée", e, em seguida, em trecho de prosa admirável, o outro, o Anti-Sócrates para espanto do Anti-Fredo que o escuta:

> Mais au contraire, c'est dans les actes, et dans la combination des actes, que nous devons trouver le sentiment le plus immédiat de la présence du divin, et le meilleur emploi de cette partie de nos forces qui est inutile à la vie, et qui semble réservée à la poursuite d'un objet indéfinissable qui nous passe infiniment. Si donc l'univers est l'effet de quelque acte; cet acte lui-même, d'un Être; et d'un besoin, d'une pensée, d'une science et d'une puissance qui appartiennent à cet Être, c'est par an acte seulement que tu peux rejoindre le grand dessein, et te proposer l'imitation de ce qui a fait toutes choses. C'est là se mettre de la façon la plus naturelle à la place même du Dieu.

E, finalmente, a relação completa entre o agir e o construir, dando como resultado a realização de uma obra:

> Or, de tous les actes, le plus complet est celui de construire. Une oeuvre demande l'amour, la méditation, l'obéissance à ta plus belle pensée, l'invention de lois par ton âme, et bien d'autres choses qu'elle tire merveilleusement de toi-même, qui ne soupçonnais pas de les posséder. Cette oeuvre découle du plus intime de ta vie, et cependant elle ne se confond pas avec toi. Si elle était douée de pensée, elle pres-

sentirait ton existence, qu'elle ne parviendrait jamais à établir, ni à concevoir clairement. Tu lui serais un Dieu...

Assim falou Sócrates, ou antes o Anti-Sócrates, que, ao contrário do primeiro, figura de palavra, *flatus voci* platônico, voltar-se-ia para a ação e construiria uma obra a exemplo de Eupalinos de Megara, para quem, segundo o relato de Fedro, entre as obras mudas, as que falam e as que cantam, buscava estas últimas como realização suprema. Uma obra em que, seguindo o preceito do arquiteto de Megara, não existiria "detalhes na execução" porque entre o agir e o conhecer o intervalo seria preenchido pela própria realização, apontando para aquele ideal impossível de ser atingido, em que substância, forma e função é uma coisa só na obra acabada. E impossível porque, como dirá Sócrates, "a subordinação íntima destas três coisas e sua profunda ligação não poderiam ser obra senão da própria natureza naturante".

Muitas páginas atrás, miolo do diálogo, Sócrates havia referido a Fedro que o começo de sua indecisão entre o construir e o conhecer fora a contemplação de um objeto encontrado à beira-mar, surgido não se sabe de onde, trazido pelas ondas e oferecendo ao contemplador a existência de formas perfeitas em que, certamente, a ação do homem não havia exercido qualquer papel. Este acontecimento – que faz parte da experiência do próprio Valéry, como ele mesmo revela em outros textos – dirige a reflexão para a criação de formas que possam imitar o trabalho daquela "natureza naturante" – alvo impossível, mas sempre presente no horizonte daquele que participa da infindável Comédia Intelectual, chame-se Eupalinos de Megara ou Paul Valéry.

É preciso ver que o que se busca no Diálogo é antes a realização de uma forma que a exposição de um pensamento, embora se tenha de acrescentar, bem depressa, para não se escamotear o essencial do trabalho de Valéry, que é a construção da forma que justifica o pensamento possível. Ou, como ele próprio afirma em carta a Paul Souday, de 1923, "j'aurais essayer de faire voir que la pensée pure et la recherche de la vérité en soi ne peuvent jamais aspirer qu'à la découverte ou à la construction de quelque *forme*". Por isso não é de estranhar que Rilke, cuja tradução do *Eupalinos* para o alemão foi o último trabalho realizado em vida, segundo nos informa Wallace Stevens no texto já mencionado, tenha manifestado o seu deslumbramento para com a linguagem do Diálogo.

Na verdade, é possível relacionar, como faz Stevens, frases e mais frases de uma perfeita elaboração para deixar passar ao leitor o essencial do pensamento socrático: são pequenas construções, em que o ritmo das frases, a sintaxe conseguida e a escolha vocabular desenham modulações e tempos precisos de sucessivos momentos de abstração que não se opõem ao concreto, como nos melhores poemas de Valéry.

Entre os jogos retóricos, sobretudo das falas socráticas, e as ponderações mais corriqueiras e pedestres de Fedro, o domínio da linguagem do verso impregna a prosa dialógica daquele imponderável de relações inventivas e surpreendentes, de que só a palavra em estado de poesia é capaz. Daí também se deduz a dificuldade para a apreensão, digamos assim, do enredo do texto, para a qual o próprio Valéry chamava a atenção nos comentários com que fez preceder a tradução italiana do Diálogo por Raffaele Contu. Diz ele ao fim de sua "Nota":

[...] la mescolanza, in quest'opera, di una qualche poesia con considerazioni astratte – vale a dire l'impiego quasi simultaneo dei più opposti modi di servirsi del linguaggio – costringe lo scrittore ad adoperare perifrasi o figure al fine di mantenere la necessaria unità di tono.

A operação de apreender esta "unidade de tom", mais que qualquer outra coisa, foi a árdua tarefa bem desempenhada pela tradutora brasileira de *Eupalinos*.

Duas Novas Fichas na Biblioteca

Calvino ou a Fina Poeira das Palavras

Há uma certa lógica em que *Palomar* seja o último livro publicado, em vida, por Italo Calvino.

Na verdade, o que estava escrevendo quando morreu, em 1985, as conferências para Harvard, *Seis Propostas para o Próximo Milênio* (Cia. das Letras), e os contos de *Sotto il Sole Giaguaro*, também traduzidos pela editora, tudo é atravessado pela indagação fundamental de como é possível, pela linguagem verbal, deixar passar as tensões permanentes entre o sensível e o inteligível.

Aliás, os contos da última obra se pretendem mesmo uma espécie de topografia dos cinco sentidos, dos quais apenas três foram escritos: o paladar, a audição e o olfato. Mais do que com os sentidos, entretanto, os textos ficcionais trabalham com as relações possíveis entre eles e conteúdos de compreensão racional em que o histórico, o antropológico, o psicológico ou mesmo o social ganham a densidade do sensível sem a perda da inteligibilidade.

Em artigo publicado no *New York Review of Books*, Michael Wood, resenhando três livros póstumos de Calvino – a tradução para o inglês de *La Strada di San Giovanni*, a reedição das conferências de Harvard e o livro de contos *Prima che Tu Dica Pronto* –, chama a atenção precisamente para a importância crescente, em Calvino, da memória e da leveza (uma das "propostas" de Harvard) como maneira de tratá-la, traduzindo aquilo que o escritor apontava como essencial no estilo quer de Lucrécio, quer de Ponge, isto é, "reconstruir a natureza física do mundo por meio da impalpável, fina poeira de pó das palavras".

Em parte, é a isto que se dedica a personagem Palomar: certo de que "a superfície das coisas é inexaurível", como conclui das suas observações dos pássaros, a tarefa maior parece consistir em fazer a ponte entre o que a superfície revela aos sentidos e todo o complexo aparelho de apreensão, compreensão e comunicação que é a linguagem.

Desde o início, Palomar, o "senhor Palomar", como prefere Calvino numa explícita referência ao modelo valéryano de Monsieur Teste, conduz o leitor, pela observação das ondas do mar, a este jogo sutil e difícil entre a contemplação e a entrega aos sentidos e o trabalho de consciência que se traduz na formulação pela linguagem.

Nesse sentido, o contrário da linguagem não é o silêncio, elemento até mesmo fundamental de apreensão, mas a incapacidade de manter viva e acesa a consciência da própria contemplação.

O senhor Palomar está de pé na areia e observa uma onda. Não que esteja absorto na contemplação das ondas. Não está absorto, porque sabe bem o que faz: quer observar uma onda e a observa. Não está contemplando, porque para a contemplação é preciso um temperamento conforme, um estado de ânimo conforme e um concurso de circunstâncias extremas conforme: e embora em princípio o senhor Palomar nada tenha contra a contemplação, nenhuma daquelas três condições, todavia, se verifica para ele.

Desse modo, a construção da personagem dispensa quer elaborações de ordem psicológica, quer conseqüências metafísicas: a sua presença é antes um efeito de estilo – e, neste caso, há muito da tradição flaubertiana do *Bouvard et Pécuchet* –, que de mimese psicológica. Até mesmo o esquema adotado para os exercícios da composição, tal como revelado na nota do autor, em que descrição, narrativa e meditação correspondem às três partes da obra, revela traços dessa busca essencial: de que maneira é possível o registro daquilo que fica entre uma relação com o mundo, a todo momento esperta para os estímulos sensíveis, mas ansiando traduzi-los em conteúdos da inteligência, e a existência banal de quem tira férias, faz compras, vai ao zoológico, viaja, vive em sociedade. A diversidade da vida do senhor Palomar, traduzida na superfície da banalidade dos atos diários, é, todavia, articulada pela intensidade com que procura, por assim dizer, ecos entre as coisas.

Sendo assim, uma loja de queijos pode ser um dicionário, ou todo o capítulo da viagem ao México ("Serpentes e Caveiras"), uma reflexão sobre as grandezas e misérias da tradução. E agora, já também na trilha de Borges, que completa a de Valéry, poderá dizer: "Cada processo de desagregação da ordem do mundo é irreversível, mas os efeitos são escondidos e retardados pelas miríades de grandes números – que contêm possibilidades praticamente ilimitadas de novas simetrias, combinações, acoplamentos".

Uma postulação que não está longe dos efeitos daquela "consistência" que Valéry apontava como essencial nas teorias do Edgar Poe de *Eureka*, e que seria o título da sexta conferência de Harvard não escrita por Calvino.

Um palimpsesto de leituras e reflexões que a "leveza" de Italo Calvino sugere e amplifica através do senhor Palomar.

Borges Redivivo

Pode parecer contraditória: a publicação das *Obras Completas* de um autor como Jorge Luis Borges, para quem "el concepto de texto definitivo no corresponde sino a la religión o al cansancio". Entretanto, mesmo esta famosa frase, sempre citada a partir do prólogo que Borges escreveu para a tradução de Néstor Ibarra de *O Cemitério Marinho*, de Paul Valéry (publicada em Buenos Aires pelas Éditions Schillinger, em 1932), pertence também a outro texto de Borges, "As Traduções de Homero", publicado, pela primeira vez, em *La Prensa* (8 de maio de 1932), e depois reproduzido na primeira edição de *Discusión* (por M. Gleizer, também em 1932). E não só essa frase, mas todo o longo período que termina pela consideração das palavras iniciais do *Quixote*, em que Borges, como leitor, não vê outra possibilidade para o começo da narrativa de Cervantes, embora este pudesse conceber qualquer outro início: "Sé únicamente que toda modificación es sacrílega y que no puedo concebir otra iniciación del *Quijote*. Cervantes, creo, prescindió de esa leve superstición, y tal vez no hubiera identificado ese párrafo. Nosotros, en cambio, no podemos sino repudiar cualquier divergencia".

Este texto de Borges sobre as traduções de Homero, as de língua inglesa sobre um trecho do canto XI da *Odisséia* por Buckley, Butcher e Lang, Cowper, Pope, Chapman e Butler, deixado de lado pelo autor nas edições subseqüentes de *Discusión* por "considerá-lo, não sem ironia, como um exercício precário de 'helenista adivinho'", é recuperado agora no primeiro volume de suas *Oeuvres Complètes*, "édition établie, présentée et annotée par Jean Pierre Bernès", para a Bibliothèque de la Pléiade (Paris, Éditions Gallimard, 1993). A aparente contradição, portanto, se desfaz: não se trata de publicar textos definitivos, mas antes, e com a assistência do próprio Borges, reordenar a obra, republicando textos desprezados, anotando modificações, acréscimos ou supressões, estabelecendo relações bibliográficas, esclarecendo alusões, enfim, recompondo uma obra que, embora dada por completa desde a edição de Emecê em 1974, parece indefinidamente propícia aos reordenamentos. O princípio editorial de Jean Pierre Bernès foi dispor, cronologicamente, tudo o que Borges escreveu entre 1923, ano de publicação de seu primeiro livro de poemas, *Fervor de Buenos Aires,* e 1952, data em que é publicado o volume de ensaios *Otras Inquisiciones.*

Mas isto é dizer pouco desta edição, porque, se numa primeira seqüência ali estão as obras que o leitor pode encontrar nas *Obras Completas* de Emecê Editores, isto é, *Fervor de Buenos Aires* (1923), *Luna de Enfrente* (1925), *Cuaderno San Martín* (1929), *Evaristo Carriego* (1930), *Discusión* (1932), *Historia Universal de la Infamia* (1935), *Historia de la Eternidad* (1936), *Ficciones* (1944), *El Aleph* (1949) e *Otras Inquisiciones* (1952), numa segunda parte estão textos que compõem o que Bernès intitulou de "Articles non recueillis", na qual se incluem "Em Torno do Ultraísmo", "Crônicas Publicadas na Revista *Proa*", "Crônicas Publicadas em *Prensa*", "Crônicas Publicadas em *Sur*", "Crônicas Publicadas na Revista *El Hogar*" e "Textos Diversos". Embora alguns dos "artigos não recolhidos" possam ser conhecidos por leitores latino-americanos – e penso, sobretudo, na antologia organizada pelo grande leitor, biógrafo e crítico de Borges que foi Emir Rodríguez-Monegal (*Ficcionario*, México, Fondo de Cultura Económica, 1985), assim como na edição das crônicas de *El Hogar*, do mesmo Monegal e de Enrique Sacerio-Garí (*Textos Cautivos*, Barcelona, Tusquets Editores, 1986) –, não há dúvida de que esta edição põe à disposição do leitor interessado a mais completa obra de Borges. Mais ainda: a quase todos os livros republicados, segue-se uma seção intitulada "À Margem", em que são recuperados textos de edições anteriores, sendo exceções apenas as obras *História da Eternidade*, *Ficções* e *O Aleph*.

A respeito dessa seção, esclarece Jean Pierre Bernès:

> Graças à ajuda de Borges, e depois de longas pesquisas, fomos capazes de apresentar, depois da maior parte das obras publicadas aqui, seções, de importância variável, intituladas "À Margem". Estas seções são compostas, na maior parte, de poemas, ensaios, ficções ou textos diversos que figuram, um certo tempo, nas edições publicadas em vida do autor, mas que este decidiu eliminar, às vezes a partir da segunda edição. Praticamente nenhum destes textos foi traduzido para o francês até hoje. Ler-se-ão também, "à margem", ensaios ou artigos escolhidos pelo autor porque esclarecem tal ou qual obra e/ou porque aparecem fugitivamente aqui ou ali e não foram nunca recolhidos em volume, ou porque foram coligidos em obras antigas, depois renegados e hoje desaparecidos (como "Inquisiciones" ou "El Tamaño de mi Esperanza"); nos dois casos, estes ensaios eram inéditos em francês e, seja em que língua for, permaneciam longe do

acesso do grande público. Nosso desejo, quando adotamos esta disposição, foi respeitar, em sua composição, as obras tais como, em definitivo, Borges tinha desejado que elas fossem, fazendo com que o leitor pudesse descobrir as *orillas* da obra – seus subúrbios – que reservam algumas surpresas.

Sem dúvida, e não são poucas: desde os poemas de *Ritmos Vermelhos*, à margem de *Fervor de Buenos Aires*, em que se pode ler o "Hino ao Mar", no qual Bernès vislumbra influência de Marinetti, ou três poemas não incluídos na edição de 1974 de *Luna de Enfrente*, ou um texto acrescentado à *História Universal da Infâmia,* "Batalha de Homens", ou ainda dois ensaios às *Otras Inquisiciones*, "O Encontro em Sonho" e "A Inocência de Layamon". Isto para não mencionar tanto os numerosos textos publicados nas revistas já citadas, como ainda os sete ensaios republicados ou de *Inquisiciones*, e é o caso de "Grandeza e Limite de Quevedo", ou de *El Idioma de los Argentinos*, como "A Ascendência do Tango", "Memória Fervente sobre os Três Viés da Milonga" e "A Conduta Romanesca de Cervantes", ou ainda "Eu, um Judeu", publicado na revista *Megáfono*, "Porque Você Escreve", na revista *Latitud*, e "O Paradoxo de Apollinaire", na revista *Os Anais de Buenos Aires*.

Mas a maior e melhor surpresa desta edição é o prefácio, o curto prefácio, escrito por Borges e datado de Genebra, 19 de maio de 1986, portanto a menos de um mês de sua morte, ocorrida em 14 de junho.

Aqui, diante "deste livro feito de livros", como ele mesmo diz, a meditação amadurecida pela escritura de tantos anos não esconde a surpresa sempre renovada diante das possibilidades e limites da linguagem, por onde passa um vago ceticismo que fortifica a entrega total à literatura. Diz ele:

> Consagrei minha vida à literatura e não estou seguro de a conhecer; não me arriscarei a dar uma definição dela porque para mim ela será sempre secreta e cambiante, em cada uma das linhas que leio ou escrevo.
> Vejo-a como uma série infinita de impressões sobre a linguagem e, bem entendido, sobre a imaginação. Os símbolos matemáticos não propõem qualquer mistério. Os da linguagem, isto é, as palavras, parecem, em troca, possuir sua própria vida. Seu sentido é constante mas suas conotações e seu ambiente mudam de maneira imprevisível. A linguagem é menos um mapa rigoroso do que uma árvore... Num poema ou num conto, o sentido não tem qualquer importância; o que importa é o que criam no espírito do leitor tais ou quais palavras ditas com tal ordem ou segundo tal cadência.
> Vamos supor que eu esteja a ponto de escrever uma fábula e que dois argumentos se me ofereçam; minha razão reconhece que o primeiro é muito superior; o segundo é, sem dúvida, medíocre mas me atrai. Neste caso, opto sempre pelo segundo. Cada nova página é uma aventura na qual devemos nos pôr em jogo. Cada palavra é a primeira palavra que Adão pronuncia.

O prefácio, no entanto, contém mais que isso: contém, por exemplo, a escolha de três frases, oferecidas por Borges ao leitor como sendo das mais admiráveis de toda a literatura:

A primeira é a sentença latina "Lux umbra Dei". Ignoro o nome de seu autor; ela é citada no capítulo final da *Urn Burial* de Browe. Eis a segunda: *"O Himalaia é o riso"* de Siva. As terríveis montanhas são o riso de um deus terrível. Não sei quem gravou esta inscrição. A terceira é este verso de Gerard Manley Hopkins: *"Mastering me God, giver of breath and bread"*, que me parece, hoje, ser o mais estranho da literatura e que talvez o seja.

Ou ainda a indicação de dois de seus textos que, a seu ver, poderão vir a comparecer em alguma antologia futura: a prosa de "Borges e Eu" e a poesia "Everness". Vale a pena ler (ou reler) este último texto que pertence ao livro *El Otro, el Mismo*, de 1964:

> Sólo una cosa no hay. Es el olvido.
> Dios, que salva el metal, salva la escoria
> Y cifra en Su profética memoria.
> Las lunas que serán y las que han sido.
> Ya todo está. Los miles de reflejos
> Que entre los dos crepúsculos del dia
> Tu rostro fue dejando en los espejos
> Y los que irá dejando todavía.
> Y todo es una parte del diverso
> Cristal de esa memoria, el universo;
> No tienen fin sus arduos corredores
> Y las puertas se cierran a tu paso;
> Sólo del otro lado del ocaso
> Verás los Arquetipos y Esplendores.

Contra o esquecimento, a "profética memória" de Deus que tudo cifra, anula o tempo e impõe a continuidade. Contra o esquecimento, o trabalho do poeta que inventa modos de entrar naquele "diverso / Cristal de esa memória" e habita, então, o universo da simultaneidade cujo conhecimento só é viável depois de realizada a *obra*. Borges sabia disso e, por essa razão, anotou no prefácio que a melhor leitura de suas *Oeuvres Complètes* seria aquela que seguisse o método de leitura de uma enciclopédia ou da *Anatomia da Melancolia* de Burton: "Não sei até que ponto uma leitura seguida pode lhe ser conveniente; talvez haja mais concordância de ali entrar e sair ao acaso, como se folheia uma enciclopédia ou a *Anatomia da Melancolia* de Burton". Esse sentido enciclopédico, que qualquer leitor de Borges logo identifica em seus mais diversos textos, é ainda mais enfatizado pelo trabalho editorial de Jean Pierre Bernès.

As notícias eruditas que precedem cada obra, as notas e as variantes que acompanham cada escrito, tudo isso patenteia não somente o esforço monumental do editor (que, além disso, teve o privilégio de contar com o auxílio constante do próprio Borges através de entrevistas e informações), como ainda a dimensão enorme da própria obra. Tendo traduzido quase todos os "artigos não recolhidos", Bernès foi o autor também da "Cronologia", que se estende desde 1599, data da vinda para Buenos Aires dos mais antigos ancestrais de Borges, até 1952, data limite do primeiro volume das *Oeuvres*. (Os demais tradutores são Sylvia Bénichou-Roubaud, Paul Bénichou, Roger Caillois, René L. F. Durand, Laure Guille, Néstor Ibarra, Françoise Rosset, Claire Staub e Paul Verdevoye.) A maior parte das traduções de obras aqui republicadas foi realizada nos anos 50 e 60, sobretudo por Caillois, Ibarra ou Paul Bénichou, e agora todas revistas por Bernès. Tais traduções foram responsáveis pela leitura que se fez de Borges na França, de onde foi possível que ele deixasse de ser um escritor apenas argentino e sul-americano para se transformar num nome da literatura universal, conforme mostrou Emir Rodríguez-Monegal em *Borges: Uma Poética da Leitura* (São Paulo, Perspectiva, 1980), principalmente no primeiro capítulo intitulado "Borges e a *Nouvelle Critique*".

Lido e admirado por Blanchot, Genette, Barthes, Foucault, Macherey, Ricardou e outros influentes intelectuais franceses do período, ao dividir o importante Prêmio Formentor, em 1961, com Samuel Beckett, Borges, por assim dizer, forçou o reconhecimento da literatura que se fazia na América Latina, abrindo caminho para que outros escritores viessem a ser lidos e estudados na Europa ou nos Estados Unidos. Há, portanto, uma certa justiça editorial em que ele seja o primeiro escritor desta parte do mundo a integrar a Bibliothèque de la Pléiade e, mais que isso, através de um patamar de editoração crítica dificilmente superável.

Nas últimas linhas de sua "Introdução", Jean Pierre Bernès conta que as derradeiras palavras de Borges foram a recitação do padre-nosso em três línguas; primeiro, em antigo saxão, em seguida em inglês e, depois, em espanhol. Pouco antes, Bernès havia informado que, em entrevistas com ele, o escritor havia revelado a preocupação em saber em que língua morreria. Morreu traduzindo. Renasce traduzido.

NOTA BIBLIOGRÁFICA

"A Biblioteca Imaginária", conferência inicialmente pronunciada em Curitiba e em São Paulo, no centro de estudos da Cultura da PUC, foi publicado em revista de estudantes da Universidade Estadual do Rio de Janeiro, em 1996.

"Leitura, Ensino e Crítica da Literatura" foi uma conferência pronunciada em Congresso de Letras Modernas na Faculdade de Assis, em São Paulo, e depois publicada em livro-homenagem ao Professor Segismundo Spina – *Para Segismundo Spina. Língua. Linguagem. Filologia*, São Paulo, Edusp, 1995.

"A Literatura como Conhecimento" foi antes uma conferência na Universidade Metodista de Piracicaba, São Paulo, depois em reunião da SBPC, em Vitória, Espírito Santo, e publicada na revista *Linha d'Água*, da Associação de Professores de Língua e Literatura de São Paulo, em 1995.

"Os Intervalos de Eça de Queiroz" foi escrito para a edição das *Obras Completas* do autor pela Editora Nova Aguilar, e lido, em versão resumida, no III Encontro Internacional de Queirosianos, em São Paulo, quando das comemorações dos 150 anos de nascimento do escritor português, em 1995.

"A Volúpia Lasciva do Nada: Uma Leitura das *Memórias Póstumas de Brás Cubas*" foi publicado no primeiro número da *Revista da USP*, em 1989.

"Uma Introdução a José Veríssimo" foi escrito para a antologia do crítico preparada por mim e publicada em 1977.

"As Tensões de Mário de Andrade" foi escrito como texto de abertura para uma edição da *Revista Colóquio Letras*, de Lisboa, em 1993, em homenagem ao centenário de nascimento do escritor paulista.

"João Cabral ou a Educação pela Poesia" foi publicado pelo Caderno Mais, da *Folha de S. Paulo*, em 1995.

"Paul Valéry e a Comédia Intelectual" foi escrito para o Caderno Mais da *Folha de S. Paulo*, em número de homenagem aos cinqüenta anos da morte do escritor, em 1995.

"Variações sobre *Eupalinos*" foi texto escrito para a edição, no Rio de Janeiro, pela Editora 34 Letras da tradução brasileira, por Olga Reggiani, do diálogo de Paul Valéry, em 1995.

O texto "Calvino ou a Fina Poeira das Palavras" foi publicado, em 1995, pelo Caderno Mais da *Folha de S. Paulo*, e o texto "Borges Redivivo" pelo *Caderno de Leitura Edusp*, em 1993.

Título	A Biblioteca Imaginária
Autor	João Alexandre Barbosa
Capa	Ana Amália e Jorge Padilha sobre gravura de Dürer
Editoração Eletrônica	Aline E. Sato
	Amanda E. de Almeida
Revisão	Geraldo Gerson de Souza
	Afonso Nunes Lopes
Formato	12 x 18 cm
Mancha	9 x 15,3 cm
Tipologia	New Century
Papel de Miolo	Pólen Rustic Areia 85 g/m^2
Papel de Capa	Cartão Supremo 250 g/m^2
Número de Páginas	298
Impressão	Bartira Gráfica e Editora